EXPLORATION OF
SERVICE INNOVATION
IN UNIVERSITY LIBRARIES

高校图书馆服务创新探究

张云茜　著

山西人民出版社

图书在版编目（CIP）数据

高校图书馆服务创新探究 / 张云茜著. -- 太原 ：
山西人民出版社，2024. 9. -- ISBN 978-7-203-13595-1

Ⅰ. G258.6

中国国家版本馆CIP数据核字第2024VL5711号

高校图书馆服务创新探究

著　　者： 张云茜
责任编辑： 王晓斌
复　　审： 崔人杰
终　　审： 梁晋华
装帧设计： 田雨霏

出 版 者：山西出版传媒集团・山西人民出版社
地　　址： 太原市建设南路 21 号
邮　　编： 030012
发行营销： 0351－4922220　4955996　4956039　4922127（传真）
天猫官网： https://sxrmcbs.tmall.com　电话：0351－4922159
E－mail： sxskcb@163.com　发行部
sxskcb@126.com　总编室
网　　址： www.sxskcb.com

经 销 者：山西出版传媒集团・山西人民出版社
承 印 厂： 山西万佳印业有限公司

开　　本： 787mm×1092mm　1/16
印　　张： 10.5
字　　数： 120 千字
版　　次： 2024 年 9 月　第 1 版
印　　次： 2024 年 9 月　第 1 次印刷
书　　号： ISBN 978-7-203-13595-1
定　　价： 68.00 元

前　言

高校图书馆是高等学校教学、科研的重要支撑部门，是学校培养人才和开展研究的关键组成部分。当前，高校的科研需求以及读者对图书馆的期望使得高校图书馆的服务方式发生了深刻变革，这对高校图书馆的服务提出了更高的要求，也是促使高校图书馆进行服务创新的主要驱动因素之一。本书围绕高校图书馆的发展历史和服务创新进行了较为详细的研究，以期为提升高校图书馆的服务质量、促进学术研究和知识创新提供理论支持和实践指导，具体研究方法和内容如下：

第一章梳理了高校图书馆的历史沿革与功能，对高校图书馆的发展环境进行了分析。

第二章介绍了国内外高校图书馆服务管理概况，结合国内高校图书馆发展实际，分析了国外高校图书馆在服务管理方面对我国高校图书馆创新服务有哪些启示。

第三章通过案例分析等方法分析了高校图书馆服务创新的动力、服务创新的模式，并阐述了技术创新与服务创新的关系。

第四章主要阐述了如何构建高校图书馆服务创新体系，包括服务理念的创新、服务内容的创新、服务方式的创新等。

最后，本书还对高校图书馆人力资源管理、馆员职业生涯规划和教育培训等方面进行了论述，进一步丰富了高校图书馆的服务体系内容。

与此同时，本书还对多家图书馆开展的创新服务和阅读推广案例进行了分析，旨在为图书馆在创新服务方面提供参考。

目　录

第一章　导论

第一节　高校图书馆的历史沿革与功能演变

一、高校图书馆的历史沿革

（一）国外高校图书馆发展历史概述

迄今为止人类历史上已知最早的图书馆是位于美索不达米亚平原的尼尼微图书馆，也称为亚述巴尼拔图书馆，这座图书馆由亚述帝国的国王亚述巴尼拔于公元前 7 世纪建立。尼尼微图书馆是现今已发掘的古文明遗址中保存最完整、规模最宏大、书籍最齐全的图书馆之一，而且由于泥版图书的特殊性，大部分书籍得以幸免于战火。

公元 5 世纪后期，欧洲进入了中世纪，这一阶段由于政治制度的影响，图书馆发展进程缓慢，但修道院的藏书却对图书馆的发展和文化传播做出了重要的历史贡献，也就是在这一时期，大学图书馆开始兴起，一些著名的大学如法国巴黎大学、英国牛津大学逐渐建立了大学图书馆并对社会开放。

18 世纪以后，随着大学图书馆功能的不断完善，大学图书馆逐渐成为大学教育不可或缺的组成部分，美国哈佛大学原校长查尔斯·威廉·艾略特曾将图书馆比喻为“大学的心脏”。当时比较有名的是 1737 年成立的德国哥廷根大学图书馆，哥廷根大学图书馆资金充足，设施先进，馆藏丰富，开馆时间长，为读者提供了良好的的借阅环境，实现了“自由地、不让人困扰地使用馆藏”的目标。著名作家歌德参观该馆后留下了这样的评价：“我们仿佛站在巨大的财富面前，它默默地将数不胜数的财富赠送给我们。”19 世纪中期以后，美国的大学图书馆迅速发展。1873 年，哈佛大学法学院院长兰戴尔在给校长伊里亚德的信中写道：“学校中的许多东西都可以被替代或省略，但没有图书馆，学校就会失去其最重要的特征，实际上也就失去了学校的个性。”三年后，伊里亚德校长在年度报告中指出：“图书馆是大学的核心……如果没有足够的资金，维持大学正常运转相对较容易，但如果缺乏文献资源或学习设施，就会变得非常困难。”

（二）我国高校图书馆发展历史概述

我国古代的藏书制度起源于周代，早期的藏书机构包括官府、私人、寺院和书院四类。书院是我国古代的藏书体系中影响较大的一类藏书机构。书院是由私人或官府设立的讲授知识和研究学问的场所，最早出现于唐代。宋代时，书院大兴，书院藏书开始出现，当时最著名的书院如江西庐山的白鹿洞书院、湖南长沙的岳麓书院等均有大量的藏书。随着时间的推移，书院数量不断增加，到明代已达 1300 多所。明代以后的书院由政府控制，书院也逐渐演变成为科考服务的教育文化机构。

近代以来，随着西方传教士在我国创建教会图书馆，国人开始接触和了解西方图书馆的管理模式。鸦片战争后，洋务派特别是有出洋考察经历的人员开始宣传和推介西方图书馆的优点。19 世纪末，“图书馆”一词由日本传入我国。自此，我国古代的藏书系统开始逐步转型为现代图书馆，标志事件是 1904 年湖南图书馆（原名湖南图书馆兼教育博物馆）的建立。此后，各地的省级公共图书馆相继筹建，如湖北图书馆、黑龙江图书馆、安徽图书馆等。1898 年，京师大学堂（北京大学的前身）建立了大型藏书楼，1912 年更名为北京大学图书馆，这是中国最早的现代新型图书馆之一，对后来我国高校图书馆的发展产生了深远影响。

二、高校图书馆的功能演变

图书馆的英文为“Library”，“Library”一词源于拉丁文“Librarium”，意思是藏书之所。时至今日，高校图书馆已经不再局限于保存和收藏图书了，其功能远远超出了传统的“藏书之所”的范畴。同时，人们对高校图书馆的理解和定义也在不断地演变，高校图书馆正在不断地适应高校教育的变化和需求，成为一个充满活力和生机的知识共享和服务中心。

戈曼 1995 年在《未来图书馆：梦想、疯狂与现实》一书中对现代图书馆的功能进行了思考和总结。他认为，现代图书馆要为人们掌握各种知识服务，并不断提高服务质量确保知识的获取自由。吴慰慈先生在其《图书馆概论》一书中指出，图书馆是收集、整理、保管和利用书刊资料，为一定的社会经济服务的文化教育机构。2015 年，教育部印发了《普通高等学校图书馆规程》，其中提到“高等学校图书馆是学校的文献信息资源中心，是为人才培养和科学研究服务的学术性机构，是学校信息化建设的重要组成部分，是校园文化和社会文化建设的重要基地”。由此可以看出，经过长时间的发展，高校图书馆已经成为通过收藏文献资源、传播科学文化知识、传递信息，为教育科研提供服务的重要场所。

（一）收藏保存

在人类社会早期，我们的祖先就开始尝试用各种物品记录生产生活等信息，随着文字的出现，人类找到了更持久的记录方式，如甲骨、金器、石器等，随着记录的增多，需要有一个地方来堆积和保存这些记录物品，这就是图书馆的雏形。由于人类社会的多样性，各个民族、国家和地区都有自己的文献记录。当这些信息汇集到图书馆时，它便自然而然地承担起保存人类文化典籍的任务和职能。文献是图书馆发挥自身功能的基础，而图书馆则是收藏和存储文献的机构，二者相辅相成，不可分割。

高校图书馆作为图书资源的重要仓库，在诞生之初就立足于图书馆藏和文献存储这一重要功能。比如哈佛大学图书馆从 1638 年建立之后，经过长达 270 余年的积累，截至 20 世纪初，馆藏图书已经达到 80 余万册，随后以平均每年 17 万册的速度持续增长，到 20 世纪 70 年代末，藏书已经达到 975 万册。截至目前，其馆藏图书已经超过了 1500 万册，是世界上最大的高校图书馆之一。高校图书馆的收藏功能不是仅仅局限于图书收藏，还包括对各类文献资料的校正、整理和保护，从而为高校和社会提供丰富、全面的查询资料和借阅服务。现代高校图书馆不仅收藏纸质文献，还拥有丰富的数字化、电子化资源，如电子书籍、学术数据库、在线期刊等，通过数字化平台整合与服务，为用户提供多元化的信息资源获取途径。

（二）传递信息

学生的学习、论文写作、查询资料以及文献检索和传递等活动都离不开图书馆。图书馆不仅是一个获取信息的场所，更是信息传递和交流的重要平台。高校图书馆通过建立文献目录系统和资源数据库，为读者提供便捷的资料查阅途径。1876年，美国图书馆学家克特出版了著名的《字典式印刷目录规则》，后来于1891年第三版修订时，该规则更名为《字典式目录规则》。克特在这本书中提出了图书馆目录应该具备的三方面作用：首先，图书馆目录应该能够通过作者、书名、主题等途径查找图书，这是图书馆目录的基本功能之一。其次，目录还应该能够提供如下信息：某位作者的书有哪些、某一主题的书有哪些、某一题材的书有哪些等，以便读者更快速地找到所需的图书。最后，目录还应该提供图书的版本信息和其他附注信息，例如出版日期、版本号、作者简介等，这些有助于读者更全面地了解图书信息。

在当今信息膨胀的时代，一方面我们面临着“信息碎片化”“信息快速化”的挑战，各种信息大量涌现，这不仅增加了读者获取所需信息的难度，甚至可能影响读者建立系统的知识体系。另一方面，社会文献的类型也变得越来越复杂，文献种类不断扩大，各类文献内容交叉重叠、形式多样，使得读者无法有效获取所需信息。因此，传递信息是当前图书馆的重要功能之一，通过对在册文献进行整理和梳理，形成更加高效、简单、快捷、有序的“数据信息流”。这不仅可以提高读者获取信息的效率和准确性，也有助于满足广大读者和社会的需求。

（三）教育科研

作为高等教育的重要场所，高校图书馆在教育科研方面发挥着极为重要的作用。高校图书馆是学术资源的集散地，拥有丰富的文献资料和学术信息，为师生开展学术研究和科研活动提供了重要支持。学生可以通过图书馆的资源，深入学习专业知识，拓展视野，提升学术能力；教师也可以利用图书馆的资源开展科研项目，推动学校科研水平的提升。高校图书馆还是知识传承和学术交流的重要平台，一些学术讨论会、学术讲座等活动经常在图书馆举办，为师生提供了交流思想、分享成果的机会，促进了学术的交流和传承。除了提供学术资源和支持科研活动外，通过举办艺术展览、读书分享会等文化活动，高校图书馆可以引导学生接触优秀的文化作品，使学生树立正确的人生观和价值观，从而进一步丰富校园文化生活。

第二节　高校图书馆内外环境因素分析

一、宏观方面

（一）政治因素

政府对图书馆事业的支持程度、政策法规的制定和执行，直接影响着图书馆的发展方向和资金投入。比如世界上最早的图书馆尼尼微图书馆（亚述巴尼拔图书馆）的建立就得益于国王亚述巴尼拔的重视，这个图书馆也是亚述帝国的文化中心和知识聚集地。

除此之外，社会体制对图书馆的运作也有着深远的影响，社会主义国家和资本主义国家在图书馆管理、服务理念、资源配置等方面存在一定的差异。社会主义国家的高校图书馆更加注重为社会主义建设培养人才、服务社会大局，而资本主义国家的图书馆更加强调市场导向和利润最大化。

（二）经济因素

改革开放以来，我国的经济发展取得了举世瞩目的成就，综合国力显著提升，人民生活水平大幅提高。经济的繁荣直接促进了文化事业，尤其是图书馆事业的蓬勃发展。截至 2023 年 8 月，我国高校图书馆已经达到 1363 所，馆均面积 2.6 万平方米，在编工作人员馆均 28.6 人，馆均纸质图书累积量 136.9 万册，全国高校图书馆古籍总量在 1359 万册以上。

（三）社会文化因素

我国在漫长的历史积淀中形成了丰富多彩的民族文化。随着改革开放的不断深入和经济全球化的发展，社会的发展正经历着前所未有的深刻变革。党的二十大报告指出："全面建设社会主义现代化国家，必须坚持中国特色社会主义文化发展道路，增强文化自信，围绕举旗帜、聚民心、育新人、兴文化、展形象建设社会主义文化强国，发展面向现代化、面向世界、面向未来的，民族的科学的大众的社会主义文化，激发全民族文化创新创造活力，增强实现中华民族伟大复兴的精神力量。”近年来，各地也将加快图书馆事业的发展作为实施建设社会主义先进文化的重要举措。

随着信息社会的到来，知识更新速度加快，各种新思想、新概念层出不穷。面对新形势、新挑战，越来越多的人选择走进图书馆来“充电”。在大中型城市，高校图书馆已经成为人们获取知识的重要场所，高校图书馆不仅是收藏和保存文献的机构，更是文化传承和知识普及的重要载体，为社会的进步和发展贡献着力量。

二、微观要素

（一）馆藏资源的扩大化

随着互联网技术的普及，图书馆的信息资源范围得到了极大的拓展。现代高校图书馆不仅收藏图书、期刊等传统纸质文献，在电子资源方面也在不断加大投入力度，包括数字化音频视频资料、电子期刊、在线数据库等。截至2022年，我国高校图书馆在电子资源方面的购置总费用为43.59亿元，在文献资源购置费中，电子资源购置费所占比例已超六成，馆藏资源得以迅速扩大。

（二）服务方式的多元化

当前，我国的高校图书馆正在从提供传统的文献借阅服务向提供多元化的信息服务转变。传统的文献借阅服务包括文献实物的外借、信息宣传、阅读辅导、参考咨询、文献检索等。随着网络技术的发展和普及，许多高校图书馆不仅能够提供传统的实物借阅服务，还能够提供网上虚拟的外借、阅览、检索、辅导等服务。此外，图书馆还引入了电子邮件、文献传递、信息查询服务、电子图书、网上教育等多种多样的服务方式，以满足用户日益增长的信息需求和多样化的学习方式。这种多元化的服务模式使得用户可以更加便捷地获取所需信息，并且提高了图书馆的服务水平和质量。

（三）服务水平的专业化

高校担负着教学和科研的重任，这就要求高校图书馆要不断提升服务的专业化水平。服务水平的专业化要求图书馆针对高校教学和科研的需要，提供专业化的参考咨询、文献检索、学术论文查找等服务，帮助读者获取所需的专业信息资源。而专业的服务离不开专业的人才队伍，因此高校图书馆应当加强对馆员的培训，并引进相关人才，建立专业化的学科服务团队，为教学和科研人员提供有针对性的专业化服务。

（四）读者需求的多样化

高校图书馆面对的用户群体非常广泛，如高校的行政管理干部、教学科研人员、各专业的学生等，这些用户群体的需求也各不相同。行政管理干部关心政治经济政策和国内外教育发展动态，他们一般需要具有全局性、开拓性和指导性的信息。高校教师在工作中集教学、科研于一身，对文献资料的专业性要求较强，不同专业的教师对文献资料的需求也不同，这就要求高校图书馆具备多学科多方向的信息资源，以支持教师的教学和科研活动。学生群体一般比较关心与国家、社会和个人有关的热点问题，既关注基础理论知识，也对新颖的前沿知识感兴趣，在完成课程论文和毕业论文等任务时，会更加关注与其所学专业相关的学术信息。读者需求的多样化也对高校图书馆的管理和服务提出了更高的要求。

第二章　国内外高校图书馆服务管理概况

第一节　国外高校图书馆服务管理概况

早期，国外高校图书馆的服务主要集中在学术研究和教学支持方面，其管理主要侧重于馆藏的建设和维护。比如德国哥廷根大学图书馆在18世纪就实现了“自由地、不让人困扰地使用馆藏”的目标。19世纪中期以后，随着发达国家高等教育的普及和图书馆服务对象的扩大，高校图书馆开始注重读者需求，管理理念也开始向以读者为中心转变。

20世纪中叶至后期，随着信息技术的发展和图书馆学科的逐步成熟，国外高校图书馆的服务管理进入了一个全新的阶段，管理理念逐渐强调信息服务的个性化和多样化，鼓励图书馆利用现代技术手段提升服务质量和效率。这一时期国外高校图书馆的服务管理开始迈向数字化时代，并在数字化图书馆建设和电子资源管理等方面进行了一些探索。

进入21世纪，信息化社会的到来为国外高校图书馆的服务管理带来了新的机遇和挑战。数字化技术的广泛应用使得图书馆的服务更加便捷高效，读者可以通过网络随时随地获取所需信息。因此，国外高校图书馆的服务管理开始注重信息技术的应用，积极探索移动图书馆、虚拟图书馆等新型服务模式。

一、读者服务

读者服务是高校图书馆服务的基础内容，经过上百年的发展，国外一些高校图书馆在读者服务方面已经积累了不少经验。

（一）服务对象

1. 服务对象范围

许多国外高校图书馆的服务对象不仅包括本校的师生，还包括校外读者和馆际互借读者，开放的服务范围使得图书馆的资源能够更加广泛地服务于社会大众，提高了图书馆的社会影响力和服务水平。

2. 社会化服务

在信息化时代，高校图书馆也在积极响应社会需求，提供更多面向社会的服务。美国的高校图书馆在社会化服务体系方面相对比较完善，政府规定高校图书馆应该对外开放。比如阿肯色大学图书馆对于所有社会读者一律不收取费用，这一做法使得该图书馆受到了当地群众的欢迎。同时，该图书馆还与谷歌合作，将谷歌强大的搜索技术与图书馆丰富的馆藏资源相结合，使得广大读者搜索信息更为方便快捷。除了资源共享外，阿肯色大学图书馆还积极与企业开展合作，包括信息加工处理与整合、定制特色数据库等，为企业员工提供必要的文献支持和远程培训等服务。

德国的高校图书馆也在社会化服务方面取得了一定的成果，尤其是市级和州级高校图书馆。例如，柏林大学图书馆除了满足校内师生的需求外，还承担了大量的校外服务。此外，几乎每所德国高校都建立了图书馆，为校内和社会读者提供服务。

日本的高校图书馆在社会化服务方面发展最为成熟，其社会化开放度接近 100%。而英国的高校图书馆则是开展社会化服务历史最悠久的，一些高等院校在图书馆成立之初便向社会读者开放。虽然社会读者在借阅服务上会受到一定的限制，但他们仍然可以在馆内自由阅读并使用相关设备和资源。

法国、俄罗斯以及东欧国家的一些大学图书馆也在提供一定的社会化服务。这种社会化服务的拓展使得高校图书馆形成了更加开放和多元化的服务模式。

（二）服务细节

在服务方式上，国外高校图书馆比较注重微笑服务和细节服务。在美国、加拿大的高校图书馆中，工作人员接待读者时首先会微笑着询问读者需要什么帮助，无论读者进入哪所高校图书馆，都可以找到各种关于该图书馆的介绍，这些介绍以活页、纸笺等形式摆放在图书馆的入口处或楼道里，内容包括图书馆的概况、平面图、开放时间、文献查找方法、网址、新书介绍以及馆内活动安排等，图书馆内的标识也非常清楚，即使是面积不大的图书馆也有许多垂吊式指示牌提示各区域的馆藏。

国外的高校图书馆还非常注重细节服务。例如，在阅览桌和目录柜上放置许多小纸盒，内装纸片和铅笔，方便读者将查阅的内容随手记录下来；阅览室也配备了常用的学习用品，如墨水、纸条、胶水、剪刀、订书机等。此外，许多高校图书馆还在期末考试期间 24 小时开放，为读者提供更多的便利。

（三）咨询服务

咨询服务是国外高校图书馆在服务读者方面的一项重点内容，旨在为读者阅读提供全方位的帮助和支持。例如，美国蒙大拿理工学院图书馆将参考咨询服务视为基本服务之一，由取得图书馆学硕士学位的馆员专门负责，服务的主要内容是帮助读者检索信息、协助读者查找文献资料以及提供读者所需的相关信息等。美国康奈尔大学图书馆也将咨询服务贯穿于师生的科研活动中，为师生查阅资料提供全方位的支持。

还有一些国外高校图书馆设立了专门的信息共享室，其中设有参考咨询台，由专门的研究馆员帮助师生查找资料，并帮助读者快速掌握如何利用网络迅速获取所需信息的方法。

（四）读者培训

在国外高校图书馆的服务体系中，培养用户检索与利用信息的方法和技能是比较重要的一项内容。在美国和加拿大的一些高校图书馆中设有专门的计算机教室，其中配备有多台终端共享设备，由专门的馆员负责对读者进行培训和检索辅导。此外，许多高校图书馆还会定期举办读者培训班，培训的内容涉及“资源搜索”“科研主题”以及“阅读方法”等。加拿大的高校图书馆还定期或不定期举办讲座，向读者介绍各学科的资源状况和最新出版信息。英国的高校图书馆会定期向读者发送各种高质量的宣传材料，并与计算机服务中心联合举办系列讲座，帮助读者熟悉数据库和检索系统等。这种多层次、多方位的读者培训活动为充分发挥馆藏文献价值、促进读者主动参与图书馆的活动提供了良好的保障。

（五）馆际互借

当自身的馆藏资源无法满足读者需求时，许多高校图书馆会通过馆际互借等方式实现馆藏资源的共享和利用。许多国外高校图书馆都设立了专门的馆际互借部门，积极开展馆际互借业务，为满足读者的多样化需求提供帮助，比如美国的艾奥瓦州立大学图书馆就通过设立专门的馆际互借部门，负责处理馆际互借业务，当读者在图书馆无法找到所需文献时，可以通过馆际互借部门向其他图书馆借阅所需文献。

二、出版服务

高校作为学术资源的聚集地，汇聚了大量的高水平研究成果，随着学术研究成果的不断增加，高校人员的出版需求也在日益增长。为了满足用户的需求，国外高校图书馆通过为用户提供出版服务，有效促进了研究成果的传播和利用。早在 1988 年，加拿大的麦吉尔大学图书馆就率先开展了出版服务。2008 年，美国研究图书馆协会指出，出版服务是图书馆正在推进的一系列新服务项目之一，与资源管理、版权咨询等其他服务项目密切相关，而且是高校图书馆独立运行的一项服务活动。图书馆出版联盟发布的《图书馆出版指南（2022）》的调查统计数据显示，全球共有154所高校图书馆开展了出版服务。IFLA–国际图书馆协会联合会在《2019—2024战略报告》中指出，世界一流高校图书馆的出版服务正在快速发展，这些服务与学习支持、科研咨询等其他服务形成了紧密联系的服务模式，促进了大量高质量研究成果的不断涌现。

（一）加拿大高校图书馆的出版服务

图书馆出版联盟在2021年发布的《图书馆出版名录》显示，加拿大共有14所高校图书馆从事出版业务，仅次于美国，位列第二。加拿大的麦吉尔大学图书馆早在1998年就开始了出版活动。温莎大学图书馆数字学术中心开设了一个专门的数字出版活动室，鼓励师生在此开展数字出版实践项目。目前，该中心已联合开展了多个项目，包括遗传学和社会学项目。在资金支持方面，加拿大形成了自上而下的政策和资金保障体系，政府的资金来源主要有三机构基金、FRQ基金和BCcampus开放基金等，学校基金则包括专门用于数字出版的专业基金和其他发展基金。此外，加拿大的部分高校图书馆还设立了专门的OA基金用于数字出版，完善的政策和资金保障体系为加拿大的高校图书馆开展出版服务提供了有力支持。

（二）德国高校图书馆的出版服务

20世纪90年代，德国的高校图书馆也开始为本校研究人员提供丰富多样的出版服务。一般来说，德国高校图书馆都设有出版服务部门，并有专门的出版馆员岗位，为用户解决出版流程中的问题。德国高校图书馆的出版服务对象主要包括本校教职员工、科研人员和学生等，部分图书馆也为校外与本校相关的科研机构或作者提供出版服务。此外，他们还会根据服务对象的特点提供有针对性的服务。例如，针对博士研究生和本科生，高校图书馆除了提供写作培训课程和出版素养教育外，还为他们提供实习机会，鼓励他们积极参与到出版活动中。一些德国高校图书馆还招募学术出版志愿者，协助馆员为用户解决学术出版过程中的问题。

（三）英国高校图书馆的出版服务

英国的高校图书馆在出版服务方面采取了多种灵活的方式，以满足教职员工和学生的需求。在服务对象方面，英国高校图书馆的出版服务主要面向本校的教职员工和学生，针对不同用户群体的需求提供多种类型的出版服务，包括学术著作出版、学位论文出版等，从而帮助用户将科研成果转化为出版物。在服务内容方面，英国高校图书馆提供了丰富多样的服务项目，涵盖了数据管理和存储服务、宣传推广服务、科研成果保存与管理等多个方面。在经费保障方面，英国高校图书馆拥有多样化的资金渠道和充足的经费，这是确保出版活动顺利进行的关键，政府机构、学校、图书馆形成了自上而下的政策和资金保障体系，为科研成果的出版提供了有力支持。

三、数字推广和智慧建设服务

（一）数字阅读推广服务

数字阅读因其内容丰富、交流快捷等特点而深受读者喜爱，为了更好地满足读者在数字阅读方面的需求，国外高校图书馆纷纷加强了数字馆藏的建设。展览活动是国外高校图书馆推广数字阅读最常见的活动之一，一般包括实地展览和线上展览两种形式。实地展览通常分为周年纪念展、专题展、名人展等，而线上展览则打破了时间和空间的限制，进一步拓展了高校图书馆的服务空间。

除了展览活动外，体验活动也是国外高校图书馆推广数字阅读的重要方式，电子阅读器体验活动、虚拟现实体验活动和创客空间体验活动等各种活动为读者提供了丰富多样的体验。例如，阿肯色大学图书馆开展的电子阅读器体验活动主要包括提供电子阅读设备的借阅服务和电子阅读器内容定制，使得用户可以在图书馆中方便地获取数字资源。图书馆的创客空间项目也为读者提供了丰富的数字阅读体验。

除了展览和体验活动外，开展数字阅读讲座也是国外高校图书馆推广数字阅读的重要方式之一，讲座的主题有文化、艺术、教育、法律等，既满足了读者的学习需求，也促进了文化交流和知识传播。

（二）智慧建设服务

智慧建设服务是高校图书馆拓展馆藏资源、丰富读者体验、提升资源利用效率的重要方式。在数字资源主题内容建设方面，国外高校图书馆的数字资源库通常包括多语种数据库资源、教学资源和特色资源库等，另外，国外高校图书馆数字资源库所涵盖的语言种类也非常丰富，例如美国哈佛大学图书馆的数字资源库就包含西班牙文、阿拉伯文、拉丁文等多语种数据库。在资源建库形式上，国外图书馆的全文数据库建设相对领先，全文数据库的建设能够大大提高资源的检索和利用效率。在特殊资源获取方面，国外高校图书馆面向残障群体能够提供有针对性的服务，能够利用虚拟视听、可视化阅读等智能设备，结合残障人士服务技能开展相关服务。

四、其他服务

（一）道德教育服务

道德教育在高校教育中占据着重要地位，特别是在信息时代，信息素质和道德素养更是学生必备的素质。1987 年，美国图书馆协会成立了素质教育委员会，以指导图书馆道德教育的开展。随着时间的推移，美国对大学道德教育的内容和方法的研究更加深入，并具有较为普遍的实践基础，图书馆在道德教育服务中的作用日益凸显。许多高校图书馆建立了相应的机构，制订并实施道德教育计划。2000 年 1 月，美国大学与研究图书馆协会通过了《高等教育信息素质能力标准》，该标准成为评估学生道德素养的指南，不仅在美国本土推广，也在其他国家和地区得到了广泛应用。

西欧的部分大学图书馆也积极开展了思想道德教育。他们认为，图书馆应该通过榜样的作用、优秀文学作品和名人故事等多种隐性教育方式对学生进行思想道德教育。

（二）个性化服务

加拿大的高校图书馆在个性化服务方面走在了世界前列，多伦多大学图书馆在1999年开发了网络个性化服务平台Mylibrary@corell系统，并于2000年正式投入使用。该系统包括个性化链接、个性化更新、个性化内容、个性化目录和个性化文献传递五个部分。用户可以通过客户端Mylinks收藏自己常用的电子资料。该系统每周向用户提供符合个人需要的新书、期刊和其他加入图书馆目录的资料，为用户节省查找最新资料的时间。

加拿大高校图书馆的个性化服务还体现在多个方面，比如通过调查学生的阅读习惯和偏好，开展个性化推荐，避免群发信息导致无效信息过多。加拿大高校图书馆还致力于整合信息资源，促进信息共享，以提升服务质量。

（三）针对残障人士的服务

高校图书馆的服务对象中，残障人士是比较特殊的一类人群，为了使其获得更好的阅读体验，国外众多高校图书馆采取了许多细致周到的措施。美国高校图书馆通过建设适合残障读者学习的工作站解决了为残障读者服务的过程中存在的技术问题。加拿大高校图书馆不仅在图书馆主页设置了残障学生服务栏目，还在学校残障学生中心网站提供相关网页的链接。

此外，国外许多高校图书馆针对残障读者专门建立了关爱机构，配备专业人员进行统筹规划和管理，例如，美国康奈尔大学设有公共服务办公室，并配备了残障读者服务协调员；普林斯顿大学图书馆与残障服务办公室合作，为残障学生、教职员工和校园访客提供服务；加拿大的麦吉尔大学图书馆与残障学生办公室及志愿者合作，共同制订计划和提供服务，确保残障读者获得良好的阅读体验。

在服务细节方面，国外许多高校图书馆也做到了无微不至。例如，英国剑桥大学图书馆提供了专用停车位、轮椅上升电梯和残障通道，使残障读者能够便利地进入图书馆。加拿大多伦多大学图书馆则通过发放小册子向残障学生介绍图书馆的服务和设施。还有许多高校图书馆为残障读者提供了一站式服务，使残障读者能够轻松学习和自由出入，服务人员为残障读者提供代查、代借、复印等服务，对于无法到馆的读者，则通过邮寄或馆际互借服务为其提供所需资源。一些高校图书馆还关注残障读者的心理健康，为其提供心灵关爱服务。

第二节　国内高校图书馆服务管理概况

一、读者服务

（一）服务对象

国内高校图书馆的服务对象一般以本校师生、离退休教职工、合作单位人员为主，截至 2021 年，国内高校图书馆向社会开放的仅占总数的 16.74%，开放方式则以办证服务和临时服务两种方式向社会读者提供服务。

办证服务是指向社会读者提供长期或临时的借书证或阅览证，例如，北京大学图书馆规定持有身份证或有效证件的读者可以办理“北大图书馆临时阅览证”，在规定的时间内，凭此证可以在阅览区查阅书刊资料。而临时服务则通常需要馆长批准或按照图书馆的规章制度办理相应手续。在服务内容上，各图书馆的差异很大，主要包括图书外借、馆内阅览、文献复印、数据库的有条件使用等。以高等专科学校图书馆为例，其服务对象一般包括本校师生、离退休教职工以及合作单位人员，图书馆的主要功能是为读者提供各种文献资料和信息服务，以满足教学、科研和学生学习的需求，针对离退休教职工，图书馆也会提供相应的借阅和信息查询服务。在服务内容方面，除了为教师提供课题申报、参考咨询等服务外，还会为学生提供论文写作、学位论文查重等个性化服务。在服务方式方面，高等专科学校图书馆通常为师生办理借阅卡（教师在职和学生就读期间有效），通过“一人一卡”的方式向师生提供借阅服务。

（二）服务细节

国内高校图书馆在学习共享空间的设置方面有一些共同之处，例如大部分高校图书馆会提供团体阅览室、单人自习室、培训教室和会议室。不过，近年来国内一些高校图书馆已经开始向人文化和多元化方向发展。例如，厦门大学图书馆提供了休闲咖啡室和人文社科实验室，天津大学图书馆设有通宵自习室，西安交通大学图书馆则有 iLibrary Space 和 PBL Space 等多功能空间，这些新的空间设置丰富了图书馆的功能，为读者提供了更加多元化的学习环境。国内高校图书馆普遍提供可移动桌椅、投影仪、白板、台式电脑、无线网络、打印机等设施，以支持读者的学习和研究活动。在活动服务方面，国内高校图书馆一般以提供学习研究、小组讨论、学术交流、教学培训和创新活动交流服务为主。

在管理方面，国内高校图书馆常常采用在线预约系统来管理阅览室、自习室的使用，对预约时间、使用时间、人数等都有明确的规定。与国外相比，国内高校图书馆在服务主动性方面还存在一定的差距，需要进一步提升服务质量和用户体验。

（三）咨询服务

1. 参考咨询服务

参考咨询服务一般是指高校图书馆对读者在文献利用、知识获取和资源选择等方面提供帮助的行为。20 世纪 90 年代以后，我国高校图书馆的参考咨询服务开始利用更多技术手段，不再局限于现场咨询，而是通过网络为读者提供服务，服务内容也更加全面，服务模式也更加多样化。现今，我国高校图书馆的参考咨询服务基本上已经实现了传统服务和数字服务两种方式并行，同时也在不断探索更适合读者需求的服务模式。总体来说，由于我国高校图书馆的参考咨询服务起步较晚，发展相对缓慢，未来仍有很大的提升空间。

2. 检索服务

为优化用户体验、提高检索效率，国内许多高校图书馆在为用户提供传统馆藏目录检索系统的基础上，还开发了一站式检索平台，比如复旦大学图书馆的望道溯源平台，其具有跨库检索、统一显示、个性化定制等特点。

当前大部分国内高校图书馆仍旧存在着检索系统较为单一的问题，在检索内容方面，国内高校图书馆主要集中在常规的书刊、期刊、数据库、多媒体资源等方面。比如高等专科学校图书馆的检索系统主要集中在传统的书报、期刊、数据库和少量的多媒体资源上，在专业数据库、电子期刊资源等方面涉及较少，导致师生在获取信息时有一定的局限性。尽管部分国内高校图书馆参与了“CALIS重点学科网络资源导航库”的建设，但导航库在实际检索服务中的利用率并不高。

（四）培训服务

许多高校图书馆在数字推广活动中，可以结合互联网技术，开展在线信息素养培训，为用户提供更加便捷灵活的学习渠道。例如，上海交通大学图书馆在每学期开学前都会对新生进行入馆培训，帮助其尽快熟悉图书馆馆藏资源，同时开设信息素养培训课程，帮助师生提高信息素养水平和利用数字资源的能力。线上培训的方式既节约了用户的时间和精力，又能使用户尽快掌握检索技巧，但也存在一些问题，比如部分高校图书馆的线上培训资源只对本校师生开放，限制了资源的共享和利用范围。

二、出版服务

近年来，我国部分高校图书馆也开展了一些出版服务实践探索，旨在满足读者的出版服务需求。在服务对象方面，主要包括本校老师、专职科研人员和学生群体，为其在教学、科研和学习过程中提供出版咨询和帮助。对于本校教师和科研人员，高校图书馆会提供项目课题申报、咨询等服务，对于学生群体，主要提供论文写作、学位论文查重等个性化出版服务。

除此之外，出版服务的内容还包括出版素养教育、作者版权服务、写作培训服务、同行评审、数字化服务、数据集管理等。其中，出版素养教育涵盖了写作指导、投稿要求、作者版权合同等知识，而出版咨询服务则通过电话、QQ、邮件等方式提供，例如北京大学图书馆设立协同服务中心为作者提供论文收录、引用查询咨询等服务。

三、数字推广和智慧建设服务

（一）数字阅读推广活动

数字阅读推广活动在提高高校图书馆数字资源利用效率方面具有非常重要的作用。目前，我国的高校图书馆已经开展了形式多样、内容丰富的数字阅读推广活动，其中包括展览、培训、竞赛、直播等多种方式，以满足用户多样化的阅读需求。例如，北京大学图书馆举办的“李大钊出任图书馆主任 100 周年纪念线上展”就是通过展览的方式向读者推广数字阅读，展示了图书馆丰富的数字资源。

（二）智慧服务

国内高校图书馆在智慧服务方面对于新技术的应用要明显领先于国外，智慧服务的建设重点集中在新技术的应用、虚拟仿真体验、支持空间的打造以及数字资源建设等方面。

在技术运用方面，国内高校图书馆以大数据、人工智能、云计算、RFID（无线射频识别）、物联网等技术为主。以RFID技术为例，该技术在国内高校图书馆的应用主要集中在实体图书资料资源的分类整理、流通入库和自助借还等方面。例如，武汉大学艺术资源阅览室利用RFID技术实现了艺术书籍和期刊的自助式借还，极大地简化了图书馆的工作流程。

在虚拟仿真体验方面，国内高校图书馆主要是运用人工智能、虚拟现实和3D动画等技术，为读者提供沉浸式的体验。例如，复旦大学图书馆的“新技术体验中心”通过智能头盔、VR眼镜和智能座椅等设备，让读者体验全景视图或参与新技术体验活动。

支持空间是指高校图书馆利用物联网、人工智能和云计算等技术支撑智慧空间，促进用户间的知识传递和信息交流。例如，上海交通大学的思源阁和中国科学技术大学的未来学习中心就是智慧型支持空间的典型代表，为用户提供了多样化的服务和资源。

在数字资源建设方面，随着互联网和大数据技术的发展，数字化阅读已成为人们获取信息的重要方式，数字化资源也已成为图书馆重要的馆藏资源。国内高校图书馆的数字资源主要包括中文数据资源库和英文数据资源库，其中教学资源的数量明显高于公共图书馆。一些高校图书馆如北京大学图书馆和复旦大学图书馆在学科资源建设方面也取得了显著的成绩，包括学科数据库、期刊导航、教学参考资源等模块的建设。

尽管国内高校图书馆在技术应用、虚拟仿真体验、智慧支持空间打造和数字资源建设等方面都取得了一定的成就，但是仍然存在一些可以优化的空间，比如科研型院校的图书馆和一般院校的图书馆在新技术运用和数字资源建设方面差异较大，科研型院校的图书馆更加注重科技创新和高端技术的应用，一般院校的图书馆侧重于对学习、教学和文化活动的支持。

四、其他服务

（一）道德教育服务

高等学校是对大学生进行道德教育的重要场所，而图书馆作为高校教学和科研的支柱之一，在服务大学生道德教育方面也具有十分重要的作用。近年来，我国高校图书馆越来越重视大学生道德教育工作，许多高校图书馆开设了大学生思想道德论坛、理论学习园地等平台。然而，目前我国高校图书馆在道德教育方面还存在一些问题，比如馆员的职称与学历参差不齐，限制了道德教育服务工作的深入开展。

（二）个性化服务

个性化服务是指根据用户的要求或个人特征，如学科、偏好、使用习惯等，为其提供有针对性的服务。与国外高校图书馆相比，我国的高校图书馆在提供个性化服务方面还存在着不小的差距，许多高校图书馆缺乏“读者第一，用户至上”的服务理念，在服务方式、服务内容方面侧重于提供面向大众的服务。对于高校图书馆而言，其服务对象包括学生、教师和科研人员，他们的需求也各不相同，高校图书馆应当根据用户的需求和兴趣，提供多样化、多层次、高质量的个性化服务。

（三）针对残障人士的服务

2020 年《残疾人事业发展统计公报》显示，我国近五年来普通高等院校录取的残障学生数量从 7864 人增加到了 11154 人，这反映出随着教育公平的不断推进，我国的特殊教育体系也在逐步完善，残障人群接受高等教育的需求也在不断增加。然而，当前我国关于图书馆特殊人群服务的研究主要集中在公共图书馆领域，其中涉及高校图书馆的研究也主要针对某类特殊人群展开，无法为国内高校图书馆残障学生服务的整体建设提供科学的理论指导。这也说明我国高校图书馆在残障学生服务方面仍存在很大的提升空间，需要加强科学研究和理论指导，提高无障碍服务的水平和质量，更好地满足残障学生的学习需求。

第三节　国外高校图书馆服务管理对我国高校图书馆创新服务的启示

一、读者服务

（一）服务对象

1. 服务对象范围

国外高校图书馆的服务对象不仅包括包括本校的师生员工，还包括校外的社会读者和馆际互借读者，这使得图书馆的资源能够更广泛地服务于社会大众，提高了图书馆的社会影响力和服务水平。国内高校图书馆可以借鉴这种模式，通过向社会开放来扩大服务范围，实现资源共享，为提升全民文化素养贡献力量。

2. 社会化服务

国外高校图书馆在社会化服务方面起步较早，其服务制度已经比较成熟。例如，美国的图书馆在20世纪60年代就开始提供社区信息服务，并且一直向社区读者敞开大门，为社会团体和个人提供多种信息服务。美国部分公立大学图书馆甚至免费向所有公众开放，这使得图书馆能够为社会各类读者提供完善的查询、阅览、外借、复印、信息咨询等服务。

相比之下，我国高校图书馆在对外服务方面还存在着一定的不足，虽然有部分图书馆对外开放，但大多数只提供阅览服务，不提供外借服务，服务内容也相对单一。一些高校图书馆管理者认为对社会公众开放会带来一系列的管理问题，因此其服务对象只局限于本校师生。其实，无论是公共图书馆还是高校图书馆，都是国家公共文化事业的一部分，每个公民都有使用的权利，因此高校图书馆不应以服务本校师生为由拒绝为公众提供服务。

国外高校图书馆的做法表明，为社会服务并不会影响其自身建设，反而能够进一步促进自身的发展。因此，我国的高校图书馆应该建立完整的社会服务体系，针对不同的读者群体构建不同的服务模式。除了加强借阅服务、电子资源检索服务及知识服务外，还应利用技术手段拓展服务范围，支持在线学习和终身学习，实现社会效益和经济效益双赢，进一步提升自身的社会影响力和服务水平。

（二）服务细节

国外高校图书馆注重微笑服务和细节服务，这种“以读者为中心”的服务态度值得我们学习。要做到这一点，就意味着要改变过去被动封闭的服务模式，逐步从被动管理、单一服务转变到开放管理、多样化服务上来，从而更好地满足读者的多样化需求。

（三）咨询服务

咨询服务是国外高校图书馆服务的重点内容之一，旨在为读者提供全方位的帮助和支持，如专门为读者提供信息检索、文献查找、资料查询等服务，我国的高校图书馆可以建立类似的咨询服务体系，为读者提供更为专业、更全面的信息支持。

（四）读者培训

国外高校图书馆非常注重培养用户检索与利用信息的方法和技能，通过设立专门的培训班、举办讲座等形式，提升读者的信息素养和文献查阅能力，多层次、多方位的读者培训活动为充分发挥馆藏文献价值、促进读者参与图书馆活动提供了保障。我国的高校图书馆在读者培训方面仍然存在一些问题，例如，个别高校图书馆通过开学前对新生进行培训的方式帮助学生熟悉馆藏资源，这种方式一方面培训内容有限，另一方面涉及对象范围不广，因此，我国的高校图书馆可以通过开展各类培训活动，如信息素养培训、检索技巧培训、写作培训等，帮助读者提升信息素养和信息利用能力，使其能够更好地利用图书馆的资源进行学习和研究。

（五）馆际互借

国外高校图书馆通过馆际互借等方式实现了图书馆资源的共享和利用，相比而言，我国的高校图书馆在馆际互借方面存在明显的差距，高校图书馆之间缺乏交流和协作，导致馆藏资源基数大，但是作用并未完全发挥出来。因此，我国的高校图书馆需要大力加强馆际协作，打破过去以本单位或本系统读者为主，对读者实行严格限制的服务方式，充分提高馆藏资源的利用率。通过与其他图书馆建立合作关系，共享资源、互惠互利，可以扩大读者获取信息的渠道，提高服务的效率和质量。

二、出版服务

当前，我国的高校图书馆在出版服务方面的短板还比较明显，集中表现在组织建设不够完善、服务内容较为单一、缺乏宣传等。在德国等欧洲国家，高校图书馆通常会设立专门的出版服务部门，并配备专业出版馆员，馆员通常拥有丰富的出版经验和专业知识，能够为用户提供全方位、高效率的出版服务。虽然我国的一些高校图书馆已经开始尝试提供出版服务，但仍缺乏完善的组织机构和专业化的服务团队。因此，我国的高校图书馆应从组织机构建设入手，设立专门的出版服务部门，做好人员储备和培训工作，培养具有出版经验和专业知识的馆员，以满足用户的出版需求。

此外，我国的高校图书馆还应该针对不同用户群体提供个性化、专业化的服务。通过对用户需求的深入调研和分析，了解不同用户群体在出版服务中的需求，比如对于老师和科研人员，图书馆可以提供编辑排版、出版指导等专业化服务；对于学生群体，可以提供写作培训、论文查重、期刊投稿指导等服务。通过明确服务导向，可以更好地满足用户的多样化需求，提升用户的满意度和服务质量。

三、数字推广和智慧建设服务

（一）数字阅读推广服务

数字阅读在信息化时代对于提升全民文化素质和高校图书馆的影响力具有十分重要的作用。高校图书馆在数字阅读推广中扮演着重要的角色，要根据读者的需求和特点，结合图书馆自身的资源和服务能力，建立完善的数字阅读推广体系。要培养专业的数字阅读推广人员，明确目标用户群体，并制定相应的推广策略。同时根据不同用户群体的特点，推出多样化的符合用户需求的数字阅读服务，比如推广电子书刊、数据库、数字化馆藏、免费阅读软件等，以满足师生在学习、研究和阅读方面的需求。高校图书馆还可以通过与其他图书馆、出版社、学术机构等进行合作，共建共享数字阅读资源，拓展数字阅读覆盖范围。在内容方面，高校图书馆应该重视数字阅读资源的质量和独创性，打造一批具有学术价值和思想性的数字精品，满足师生对优质数字资源的需求。

（二）智慧服务

当前我国的高校图书馆在智慧服务方面已经取得了显著成效，但也存在着一些问题。最为关键的是，我国的高校图书馆在智慧服务中对于“人”这一要素的关注程度相对较低，与国外相比存在明显的差距。对此高校图书馆应积极开展学科间的知识协同研究，将图书馆智慧服务领域的专业知识与计算机科学、管理学、医学等学科知识进行深度融合，以实现研究方向与内容的突破。目前，我国高校图书馆对智慧服务模式与系统构建的研究大多基于某种理论或视域下的探讨，缺乏实证性研究。在这方面可以借鉴国外智慧理论研究的经验，开发应用性与实践性较强的研究项目，将理论研究与实践应用紧密结合，以提升研究的可信度。高校图书馆还应注重对智慧服务中“人”这一要素的研究，智慧服务不仅仅是技术和系统的构建，更需要关注用户需求、体验和参与度，因此要更加重视人性化的智慧服务设计和用户体验研究。

除此之外，我国的高校图书馆在多语种数据库建设方面也存在一些问题，语种类型相对有限。因此，国内图书馆在数字资源建设方面应加强国际交流，并制定多语种数字资源相关标准，确保多语种数据库建设的标准化与规范化。在技术标准方面，还应重视网络安全防护，保证图书馆智慧服务的安全性和顺畅性。

四、其他服务

（一）道德教育服务

美国和西欧的大学图书馆在为社会和学校提供服务的同时，也比较注重对学生进行公开、正面的思想道德教育，如通过榜样的作用、优秀文学作品和名人故事等来教育学生，这种教育方式具有自然性和隐蔽性，使得道德教育能够在不知不觉中起到作用。

相比之下，我国高校图书馆的道德教育一般采用显性的灌输式教育方式，这种教育方式更侧重向学生灌输具体规范或价值观念。虽然这种方式可以有效地传播教育内容，但却容易让学生产生抵触情绪。

对此，我国高校图书馆在道德教育工作中首先要转变服务理念，端正服务态度，加强服务意识，树立“以读者为中心”的服务理念。其次，要创新服务模式，提高道德教育服务质量，通过开展多样化和个性化的服务来加强对学生的道德教育。

（二）个性化服务

为了进一步加强我国高校图书馆的个性化服务，应从以下几个方面着手：

首先，要加大相关专业人才的培养力度。图书馆个性化服务的开展离不开具备相关专业知识和技能的人才，因此需要在人才培养方面下功夫。国家应该加大对专业人才的培养力度，包括在高等院校对图书管理专业学生的培养，注重理论教育和实践教育相结合，提高学生的专业技能和实践能力。图书馆自身也应该有意识地对内部人才进行培养，提高员工的专业素养和个性化服务能力。

其次，要不断提升技术水平。图书馆的个性化服务离不开先进技术支撑，因此，图书馆要不断提升技术水平，进行技术创新，建立统一的网络技术平台，为学生提供个性化、专业化的服务，推动图书馆个性化服务水平的提升。

最后，学习国内外先进的个性化服务案例也非常重要。借鉴和学习国内外先进的个性化服务案例，可以帮助我国的高校图书馆更好地制定发展策略，实现个性化服务的有效落地。通过与其他国家的高校图书馆开展交流与合作，可以促进我国高校图书馆个性化服务水平的提升，为学生提供更加优质的服务体验。

（三）针对残障人士的服务

近年来，我国高校图书馆对残障读者的服务意识也在不断增强，《普通高校图书馆规程》中特别提到了要为残障人士提供便利，强调图书馆应加强无障碍设施建设，包括无障碍通道、无障碍标志、扶手、护栏等设施，以确保残疾读者能够自由便利地进入图书馆。

但在实际工作中，我国高校图书馆在残疾读者服务方面仍存在许多不足之处，许多图书馆对残障读者服务的重视程度不够，缺乏关怀意识。由于资金缺乏，大部分高校图书馆的馆舍结构、设备、书库设计和人员配置都更多地考虑了普通读者的需求，导致残障读者在使用图书馆时遇到了一定的困难。因此，高校图书馆应加强对残障读者的桌椅、学习室、升降电梯、护栏、轮椅回旋空间等设施的建设，还可以借助现代化智能设备，为残障读者提供一对一的专项服务，实现“信息无障碍”的目标。未来，智能机器人可以帮助行动不便的残障读者自由出入图书馆，借阅需要的图书，并进行扫描、复印和打印文献资料等操作。对于视障读者，文本转换语音软件和指纹登录机等设备可以帮助其更加便利地阅读图书馆的文献资源。

第三章　高校图书馆服务创新理论研究

第一节　高校图书馆服务创新的理论基础

“为读者服务”是图书馆的核心宗旨，早在1913年，列宁就明确指出图书馆的最高使命是满足读者的一切需求。美国图书馆学家麦尔威·杜威强调：“图书馆应该在适当的时间为适当的读者提供适当的图书。”印度图书馆学先驱阮冈纳赞在1931年提出了图书馆学五定律，提出了以读者为中心的服务理念，对于现代图书馆的服务创新具有非常重要的指导意义。

一、图书馆学五定律

（一）阮冈纳赞的图书馆学五定律

第一定律：“书是为了用的。”

这一定律强调图书馆的核心任务是服务读者，而不仅仅是收藏和管理图书。随着信息技术的迅速发展，图书馆服务已经不再局限于传统的纸质图书，还包括数字化资源、在线数据库、电子期刊等，在现代高校图书馆服务中，应该注重数字资源的有效利用，提供多样化、个性化的信息服务，以满足不同读者群体的需求。

第二定律：“每个读者有其书。”

这一定律强调了让所有人都有书可读，突出了以用户为中心的服务理念，要求图书馆的大门向一切人敞开。图书馆作为公共服务场所不应该被少数人垄断，要让每个人都享有利用图书馆的平等权利。这一定律也凸显了高校图书馆面向社会服务的必要性。

第三定律：“每本书有其读者。”

这一定律强调了图书馆对馆藏资源的针对性分配，突出了图书馆资源的有效利用和管理。高校图书馆应该注重对藏书的分类整理和信息组织，提高图书利用率和检索效率，可以采用现代化的图书馆管理系统，实现对图书馆藏书的智能化管理和快速检索，帮助读者更加方便地找到所需的图书。

第四定律：“节省读者的时间。”

这一定律强调了图书馆应该为读者提供高效、便捷的信息服务。相较于闭架借阅方式，开架借阅方式可以显著节省读者在查找图书和等候取书上所消耗的时间。此外，这一定律也提出了一系列措施来实现节省读者时间的目标，包括科学的图书排架方式、完善的目录工作、高效的参考咨询服务、便捷的出纳系统以及合理的馆址选择等。

第五定律：“图书馆是一个生长着的有机体。”

这一定律将图书馆比喻为一个生长着的有机体，由藏书、读者和馆员三个生长着的有机部分构成，强调了图书馆的不断发展和演变。

阮冈纳赞指出："尽管我们无法完全预料图书馆这个生长着的有机体的发展还将经历哪些阶段，但我们已经看到各种类型的图书馆不断分化，并且有理由相信作为全球性知识传播工具的图书馆将会始终秉持其基本原则，贯穿于未来的发展过程中。"这一定律提醒我们，图书馆作为一个有机体，需要与时俱进、不断创新，以适应社会的发展变化，并为知识传播和学术研究做出更大的贡献。

（二）戈曼的图书馆学五定律

戈曼先生于 1995 年在其著作《未来图书馆：梦想、疯狂与现实》中提出了图书馆工作应遵循的图书馆学五定律，即：

第一定律："图书馆服务于人类。"

这一定律强调了图书馆的使命和宗旨，即为整个人类提供服务和帮助，满足人们获取信息、知识、文化的需求，是传承人类文明的重要途径。

第二定律："掌握各种知识传播方式。"

这一定律要求图书馆不仅要尊重传统的知识传播方式，如书籍、期刊等，还要积极拥抱和利用新的传播方式，如数字化技术、网络媒体等，以满足不同读者群体的需求。

第三定律："明智地采用科学技术提高服务质量。"

这一定律强调了科技在图书馆服务中的重要作用，要求图书馆充分利用科学技术提高服务的效率、质量和覆盖范围，以更好地满足读者的需求。

第四定律："确保知识的自由存取。"

这一定律要求图书馆保障读者对知识的自由获取和利用，不受任何形式的限制和干扰。

第五定律："尊重过去，开创未来。"

这一定律体现了对历史的尊重和对未来的期许，要求图书馆在传承历史文化的同时，也要积极开拓创新，推动图书馆事业不断向前发展。

无论是阮冈纳赞的图书馆学五定律，还是戈曼的图书馆学五定律，都是以服务读者为核心，这也体现了图书馆作为公共服务机构的本质特征。

二、高校图书馆服务创新的概念

（一）服务创新

针对服务创新的概念和内涵，国内外研究者从不同角度出发进行了探讨。一些研究者认为只有新的、有意义的变化才能被视为服务创新，发生变化的范围涵盖了服务概念、服务本身、服务技术和客户交互等多个方面。国内学者将服务创新分为广义和狭义两种，广义的服务创新包括服务业、制造业和公共服务，而狭义的服务创新专指服务行业内的创新。无论是广义还是狭义的服务创新，其都存在一些共同特征，包括无形性、以用户为导向、交互性和渐进性。总之，服务创新是一个无形的概念，涉及服务理念、模式和体系等方面的创新，它是以用户需求为导向、围绕用户需求展开的活动，同时也是一个涉及内部人员交互的过程，并且是一个循序渐进的过程。

（二）高校图书馆服务创新

高校图书馆服务创新的前提条件是拥有先进的服务理念，高校图书馆服务创新的宗旨是“一切为了读者”，因此要树立“以人为本”的服务理念。此外，高校图书馆的服务创新还应融入个性化和人性化的理念，在环境氛围、规章制度和服务方式上体现出人文主义关怀。在“互联网 +”时代，高校图书馆应当利用现代技术整合、加工和处理知识信息，要充分听取读者的意见和反馈，实现从封闭式到开放式、从被动服务到主动服务的转变，为图书馆开展个性化、精准、特色服务提供支持，形成多元化的知识服务体系。

三、相关理论基础

（一）创新理论

“创新”一词来自拉丁语“innovare”，原意是对旧的事物进行更新或更改。创新是现代社会发展的重要驱动力，通过引入新思想、新技术、新产品、新服务和新管理方式，从而创造出新的价值并改善现有的经济、社会和文化环境。

在经济学和管理学中，创新被视为推动经济增长和提高竞争力的关键因素之一，经济学家约瑟夫·熊彼特认为创新是经济发展的引擎，他将创新定义为开发新产品、开拓新市场、发现新的生产要素、引入新的生产和管理流程以及实施新的组织形式，这种创新不仅仅是技术层面的变革，还包括商业模式、市场策略和组织管理等方面的创新。

在图书馆的服务创新中，需要不断适应社会发展和用户需求的变化，通过引入新的服务理念、技术手段、服务模式和管理方式，提升服务质量和效率。

（二）开放式创新理论

美国学者亨利·切萨博于2003年在《开放式创新——进行技术创新并从中赢利的新规则》一书中正式提出了开放式创新理论。开放式创新理论的核心概念包括技术转移、知识内部化和外部化以及价值共创，即企业不必依赖内部研发所有的关键技术，而是可以通过与外部合作伙伴分享技术来加速创新。在开放式创新的过程中，企业需要与外部合作伙伴进行技术和市场信息的交流，制定有效的知识产权管理策略，建立开放式创新网络，与不同领域的合作伙伴建立合作关系，共同推动创新的发展。在实践中，企业可以建立开放式创新平台，提供数据共享、技术合作、创新孵化等服务，与产业链中的各个参与者建立合作关系，共同开展创新活动，实现共赢发展。

开放式创新理论带给我们的启示是：服务创新不仅局限于内部的研发和创新，还可以充分挖掘外部资源，共同拓宽服务创新路径。这也为图书馆开展服务创新提供了新的思路。

（三）服务主导理论

服务主导理论强调以服务为核心的价值创造和交换过程，与传统的以商品为主导的经济逻辑有着明显的区别。传统的商品主导逻辑将商品视为交易的主要筹码和价值来源，而服务只是辅助，处于次要地位。服务主导理论则将服务作为价值创造的核心，强调在生产者、消费者以及其他供应链和价值链合作伙伴之间持续互动的过程中共同创造价值。

服务主导逻辑追求的是客户价值共创，重视客户在整个服务过程中的角色和需求，在这种逻辑下，整个利益链条不再将商品销售作为起点，而是从了解客户需求、建立良好的客户关系开始，将服务放在更为重要的位置。

对于图书馆这样的服务型单位来说，其所提供的服务本质上就是为用户提供知识、信息和资源。因此，在组织管理中应当以服务为中心，重视客户的需求和体验，不断创新服务方式，提升服务质量，以实现更好的价值创造。

第二节　高校图书馆服务创新的动力

一、用户需求的多样化是高校图书馆服务创新的内在驱动力

用户需求的多样化是高校图书馆服务创新的内在驱动力，随着社会信息化程度的不断提升，用户需求也逐渐呈现出多样化的特点，具体体现在以下几方面：

（一）对信息内容的广泛获取需求

随着信息化时代的到来，用户对各种信息内容的多元化需求日益增加，主要表现在用户需要获取的信息内容涵盖了多个领域和学科，其中不仅包括教学科研、学术论文、专业知识、行业动态等，也包括生活娱乐、个人兴趣、社会热点等。因此，图书馆对前沿知识的及时更新是开展服务创新的重要措施。

另外，在信息化时代，读者的阅读习惯也发生了改变，获取知识的途径也不再局限于传统的纸质文献，还包括电子资源、多媒体资源等多种形式，而电子书籍、在线期刊、数字化档案等信息资源又能够更好地满足用户随时随地获取信息的需求，提高了信息获取的便利性和效率。当前，高校图书馆的信息资源范围得到了极大的扩展，传统的纸质文献逐渐向多媒体文献和数字资源扩展，这也为用户获取知识提供了便利。

（二）用户资源获取途径的多样性需求

过去，用户主要通过图书馆的实体馆藏来获取相关资料和文献信息，需要亲自前往图书馆进行查阅或借阅。随着互联网和移动设备的普及，用户能够通过多种途径获取信息，这对高校图书馆创新服务方式提出了更高的要求。用户可以通过图书馆的在线数据库和电子资源平台获取丰富的电子文献、学术期刊和专业数据库等数字化资源，在线资源具有时效性强、内容丰富等特点，用户可以在任何时间、任何地点通过网络进行访问和检索，极大地提高了信息获取的便捷性和灵活性。

因此，高校图书馆需要不断适应新的趋势，开发相应的应用程序，为用户提供便捷的信息服务。此外，用户还可以通过短视频、社交媒体平台、网络论坛等新媒体平台获取知识和信息，高校图书馆可以与这些社交媒体平台合作，通过定制化的信息推送和互动交流，满足用户的个性化信息需求。

（三）对服务体验的需求

现代用户对高校图书馆服务的期待已经不仅仅是提供信息，更重要的是提供优质的、个性化的服务体验。基于此，许多高校图书馆正在从提供传统的文献借阅服务向提供多元化的服务转变，高校图书馆的服务对象主要包括学校的管理人员、教师、科研人员和学生，他们的信息需求和服务体验需求也各不相同，因此，高校图书馆必须充分利用现代信息技术和馆藏信息资源提供高水平、专业化、综合化的信息服务。

（四）对服务水平专业化的需求

高等院校作为教学科研的前沿阵地，用户对高校图书馆的服务水平要求较高，整体上呈现出新颖性、国际化、专业化以及综合化的特点，并且随着网络时代的到来，这些特点愈加显著。在服务水平新颖性要求方面，随着科技和学术领域的不断发展，新的研究成果和学术观点不断涌现，教师和研究人员对于最新的学术动态和研究进展有着强烈的需求。在服务水平国际化要求方面，随着全球化进程的加速，教师和研究人员对于国际学术界的研究成果和前沿动态的关注度越来越高。在专业化要求方面，高校教师和研究人员往往从事与特定的学科领域或专业领域相关的研究工作，对于相关学科的专业文献和研究资料有着较高的需求。在综合需求方面，高校教师和研究人员往往需要获取各个学科领域的相关信息，以支撑自身的教学和科研工作。以幼儿师范高等专科学校为例，教师们在日常教学和研究中需要获取与幼儿教育专业相关的前沿理论和实践成果，学生们在日常学习和实习过程中也需要获取与幼教相关的学习资源，以确保理论更好地指导实践。

（五）个性化的信息需求

高校有着各种各样的专业，师生阅读和检索的需求各不相同，也就存在着不同程度的个性化需求。对于高校图书馆而言，如何有效地满足用户个性化的信息需求是一项重要而又具有挑战性的任务。个性化信息服务要求图书馆深度了解用户的信息需求特点和使用习惯，从而为用户量身定制个性化的服务方案。个性化信息服务还需要高校图书馆具备丰富的信息资源和强大的信息检索能力，建立起覆盖各个学科领域的文献资源库并与用户之间建立良好的沟通与互动机制，以便不断深化对用户需求的了解，及时调整和优化服务策略，提升用户的满意度。

二、技术变革和高校发展需求是高校图书馆服务创新的外在推动力

在以传统的印刷文献为主要信息载体的时代，图书馆依靠丰富的馆藏占据着知识资源储藏的绝对主导地位。然而，随着知识经济时代的到来，

信息服务正朝着社会化、网络化、个性化等方向发展，这也对图书馆带来了新的挑战，迫使图书馆进行服务创新。

在信息服务市场中，高校图书馆不仅要与公共图书馆进行竞争，还要与其他高校图书馆进行竞争。因此，高校图书馆必须不断创新，提供更具特色的个性化信息服务。例如，西安交大图书馆致力于建立呼叫中心，通过提供多种接入方式，让读者选择合适的方式与咨询服务人员互动，从而为其提供更好的服务。另一方面，随着高等教育的不断普及，高校的课题研究、教学任务日益繁重，对于教学材料、教学资源的需求也日益迫切。传统的教材和课程资源已经不能满足多样化、个性化的教学需求，高校教师和学生需要更广泛、更深入、更专业的文献资料和信息资源来支持教学和学习。图书馆作为学校的信息中心和资源库，需要及时了解学校的教学需求，针对不同学科领域和专业方向，提供定制化的信息服务，为教学活动提供更有力的支持。

三、发挥社会服务价值是高校图书馆服务创新的重要牵引力

（一）顺应社会经济的发展

高等教育是建立在普通教育基础之上的专业教育体系，旨在培养具备专业知识和技能的人才，推动科学研究，为社会提供服务。因此，高等教育体系必须不断调整和改进教育体制、办学方式、教育内容和教育方法，构建多层次、多样化的教育体系，培养适应时代要求的高素质人才。

另一方面，经济的不断发展也对各行各业的人才提出了更高的要求，这也促使我国许多高校在教学中更加强调从课堂走向实践，注重学生综合素质的培养。高校图书馆也必须顺应社会经济的发展，为高校师生掌握和运用信息技术、熟练搜索和获取有效信息提供高水平的服务。

（二）提升社会服务水平

随着社会经济的发展，传统的图书馆信息服务模式已经不能满足社会的需求，也无法满足用户日益增长的信息需求。因此，我国的高校图书馆要转变传统的信息服务模式，将服务对象扩大到更广泛的社会用户群体中。尽管当前国内许多高校图书馆也在尝试开展各种形式的社会服务活动，但其服务范围仍然非常有限，随着信息社会的不断发展和用户群体的不断扩大，我国高校图书馆也要不断扩展其信息服务范围，更好地发挥信息服务职能，提升服务水平。

（三）增强社会服务功能

当前，国外图书馆已经利用实时交互技术开发了数字参考咨询服务，例如网络聊天室、网络呼叫中心、网络视频会议等。通过这些服务，图书馆管理员可以直接与用户进行在线交流，解答用户的疑问和问题。与国外图书馆相比，我国高校图书馆的参考咨询服务主要集中在传统的电话咨询和邮件咨询等方面，社会服务功能较为有限。随着信息技术的不断发展和社会用户需求的增加，我国高校图书馆应该向社会用户开放服务，并与本行业和本区域的信息服务单位合作，实现资源的共建共享。同时，高校图书馆还应提供更多的有偿服务，以扩大社会服务范围，吸引更多的用户群体，这不仅能够更好地满足社会对信息资源的需求，增强图书馆的社会服务功能，还能够增加图书馆的经济收入，为其建设和发展提供资金支持。

第三节 高校图书馆服务创新模式研究

一、从封闭式服务转向开放式服务

现代图书馆的核心任务就是把丰富的文献资源提供给读者，因此高校图书馆在创新服务模式的过程中，由封闭转为开放是至关重要的一步。传统图书馆的工作任务主要是收藏保管图书文献，服务模式相对封闭，工作人员主要以管理图书为主，服务方式以借还为主。面对当今开放包容的社会，封闭型的管理模式已经不再适应新的发展形势。因此图书馆的改革必须首先更新观念，改变管理方式，向读者敞开大门，彻底摒弃封闭式的服务观念，实行全方位的开放式服务，以读者为中心，让读者成为图书馆的主人，给予读者在选取图书、查阅资料等方面最大限度的自由，从而更好地发挥图书馆的服务价值。

在这里以北京大学图书馆为例，北京大学图书馆自19世纪末成立以来，读者服务从最初简陋、被动、闭架的形式，发展到了今天全面、主动、开放的格局。京师大学堂藏书楼成立时，基于对图书馆藏书安全的考虑，采取严格的闭架借阅方式，每年暑假前，所借书刊都要归还。如今，北京大学图书馆的读者服务工作已经揭开了新的篇章，图书馆充分利用新的馆舍条件和现代计算机网络技术改善读者阅览环境，同时，图书馆也在为读者提供多类型、多层次的服务，包括书刊借还、阅览、目录及电子资源检索、学科及出版物类型导航、一般咨询、网上咨询、课题咨询、馆际互借与文献传递、信息素质教育、多媒体点播等。此外，北京大学图书馆正在构建其数字图书馆门户，整合印刷本书刊、电子资源、传统借阅、网络服务等各类资源和服务，以期在互联网上为读者提供“一站式”信息检索和信息服务。

西北农林科技大学图书馆的开放式服务也值得我们学习，其为了顺应计算机技术和网络技术的发展趋势，及时调整观念，按照“高标准建设，加强运行管理，充分发挥功能”的思路，在新馆建设过程中采取了一系列措施，包括增加信息点的数量、改变目录厅的布局、增加读者休息和参观场所以及增加阅览座位和电子阅览室终端数量。这样，图书馆就形成了开放式服务体系，将开架借阅和联机检索融为一体，积极运用科学技术改善服务水平。

在开放式服务方面，国外一些高校图书馆的做法也非常值得我们借鉴。以美国耶鲁大学图书馆为例，耶鲁大学图书馆在对外开放服务方面规定任何人都可以自由进出图书馆，而且无须出示任何证件。甚至耶鲁大学图书馆已经成为游人必去参观的“景点”。美国的许多高校图书馆每年坚持在寒暑假期间举办读书活动，并向当地中小学生开放，借此“给孩子们一个好的印象”。而耶鲁大学图书馆更是致力于帮助纽黑文（耶鲁大学所在地）成为“人人读书的城市”，完全是一所社会化的图书馆。美国的高校图书馆之所以能够成功开展开放式服务，与其完善的法律制度不无关系，美国早在1925年就制定了《图书馆法》，旨在保障图书馆的合法权益。1997年，美国政府还颁布了《图书馆服务与技术法案》，其主要目的就是为了促进图书馆之间以及图书馆与教育性机构之间的网络化建设，对享受不到图书馆服务的人，特别是对贫困家庭中7岁以下的少儿提供服务。从另一方面来说，美国很多公立大学同时也是社区学院，开展开放式服务也具有一定的优势。

高校图书馆从封闭式服务走向开放式服务是大势所趋，一方面能够充分盘活高校图书馆的资源，普及科学知识，方便公众学习，推动信息交流，提升全民素质；另一方面也能够加强公众与高校之间的沟通，提升高校的影响力，这对提升高校图书馆的服务管理水平也有一定的促进作用。

二、从被动服务转向主动服务

高校图书馆创新服务模式的另一个重要举措是从被动服务向主动服务转变，这种转变不仅是图书馆服务方式的改变，更是高校图书馆服务理念的全面更新。在这一过程中，图书馆管理人员要提供高效优质的服务，紧密配合学校的中心工作，并及时了解各学科领域的最新发展趋势，为学校的教学科研人员提供强有力的信息支持。

在信息时代，高校图书馆不再只是传统的“借还书、阅览、文献传递”的场所，而是要积极主动地满足用户的需求，促进知识的交流和创新。在此过程中，高校图书馆应该加强预测跟踪服务，及时了解各个学科领域的最新发展动态，为教学科研人员提供准确的信息支持；要积极参与学术会议、研讨会，收集学术论文、研究报告和最新的学术成果，建立信息推送系统，定期向用户推送学科领域的最新研究成果，以满足用户对信息的迫切需求。高校图书馆的管理人员还应走出高校，了解社会热点和社会发展趋势，为用户提供更有针对性的信息服务。高校图书馆还可以通过与相关学院或研究机构合作，共同开展科研项目，收集和整理项目资料，为项目组成员提供信息检索和知识管理服务，提高项目的研究效率和成果转化率。

在主动服务方面，高校图书馆还可以举办信息发布会和专题讲座，邀请行业专家和学术权威为用户讲解相关领域的研究成果和学术进展。高校图书馆还可以主动上门为用户提供服务，了解用户的需求和反馈，及时调整和改进服务内容和方式，比如定期开展用户满意度调查、收集用户意见和建议等。

与此同时，高校图书馆工作人员还要密切关注大学生的心理需求和思想动态，不断丰富、充实和调整学生的信息渠道来源。可以组织开展阅读指导、报告会、专题讲座、阅读倾向调查、论文征集、文艺沙龙等活动，更好地为学生提供服务。这意味着图书馆工作人员不仅要做到“为人找书”，更要做到“为书找人”，有针对性地将最新的资料提供给读者，更好地满足读者的需求和期待。

三、从“信息情报型”服务模式向“育人育才型”服务模式转变

高校图书馆的使命不仅仅是提供信息服务，更重要的是育人育才。随着教育理念的更新和学校对学生全面发展的重视，高校图书馆的服务模式应从传统的“信息情报型”服务模式向“育人育才型”服务模式转变。“育人育才型”服务模式能够更好地发挥图书馆在学校教育教学中的作用，帮助当代大学生提升综合素质，实现全面发展。

高校图书馆首先要满足学生对专业知识的需求，并配合学校加强对学生的思想政治教育，包括举办相关展览、讲座、报告会等活动，引导学生树立正确的世界观、人生观和价值观。高校图书馆还可以通过多种形式的导读工作和书评活动，引导学生读好书做好人，激发学生探索知识的兴趣，引导学生进行深入思考，培养当代大学生的创新精神和创造能力。

高校图书馆还可以开展一系列的文化活动，如文学沙龙、艺术展览等，为学生提供艺术鉴赏和文化体验的平台，拓宽大学生的视野，培养其审美情趣和文化修养。高校图书馆还可以通过设立志愿者岗位、开展社会实践活动等为学生提供实践锻炼的平台，培养大学生的实践能力和团队合作精神，提高大学生的社会责任感和创新精神。

四、从内向型服务模式向外向型服务模式转变

长期以来，高校图书馆在传统观念的影响下，主要致力于为校内的师生提供服务，而对外服务相对较少，导致了信息资源的浪费。高校图书馆

必须适应社会的发展趋势，实现从内向型服务模式向外向型服务模式的转变。

高校图书馆要树立为社会主义市场经济服务的理念，将服务范围拓展到社会的各个领域，为经济建设和社会发展提供支持和服务。通过开放式服务和有偿服务，高校图书馆可以吸引更多的社会用户，充分利用自身的信息资源优势，为企业、政府和社会组织提供信息咨询、文献检索等服务，实现资源共享和优势互补。在外向型服务过程中，高校图书馆可以与企业进行合作，这样，高校图书馆既可以获取一定的经济效益，缓解资金紧张的问题，又可以借鉴企业的管理经验和市场运作方式，推动图书馆的体制改革和服务创新。这种合作模式不仅有利于图书馆的发展，也为企业提供了信息资源和知识支持，促进了产学研结合和科技创新。

高校图书馆应当抓住机遇，深化改革，转变职能，通过不断创新服务模式和拓展服务内容，为社会发展提供全方位的信息支持，为科技强国、人才强国做出重要贡献。

五、从资源单纯利用型向资源建设型转变

随着数字化时代的到来，高校图书馆投入巨资购买数字资源已成为普遍现象，尤其是在“211”和“985”大学中更为突出。当前存在的问题是，虽然数字资源的购买量在不断增加，但大多数仍停留在资源利用的层面，而非资源的创造和建设。这就需要高校图书馆转变观念，从资源的单纯利用转向资源建设。

高校图书馆在数字资源建设的过程中不仅要注重数字资源的采购，还要关注数字化文献的整理、编目、加工和开发，充分挖掘和利用已有资源，形成自身特色和优势。通过建立专题数据库、开发数字化项目等方式，将资源的利用与创造相结合，提高资源的使用效率和价值。高校图书馆还要从顶层设计的角度出发，制定图书馆数字资源建设长期发展方案，争取专项资金支持，确定资源建设的重点和方向，为资源建设提供保障。

在顶层设计方案的指导下，高校图书馆应该分阶段实施资源建设计划，根据实际情况，确定资源建设的阶段性目标和具体措施，分步推进资源建设工作，最终形成完整的资源建设体系。

第四节　信息技术的发展对高校图书馆服务创新的驱动

一、信息技术概述

（一）信息技术的内涵

1. 信息技术与信息支持服务

信息技术是利用计算机技术和通信技术进行设计、研发、安装和建立信息系统及应用软件的综合性技术，包括传感技术、计算机与智能技术、通信技术和控制技术等。

信息技术支持服务（TSS）是图书馆为满足用户的知识学习、创造和传播等需求所提供的一系列服务的总称。与图书馆其他以信息技术为基础的服务不同，TSS 主要涉及面向用户使用的技术设备、产品和服务，直接支持用户的研究和学习需求。

（二）信息技术与高校图书馆服务创新的关系

随着信息化时代的到来，信息技术的迅速发展已经深刻地改变了高校图书馆的服务方式，信息技术的发展不仅提升了高校图书馆的服务能力，也深刻影响着高校师生的学习和科研。

1. 信息技术为高校图书馆的服务创新提供了强大的技术支撑

互联网、大数据和人工智能等新兴技术的不断涌现不仅推动着传统图书馆向复合、数字、移动和智慧型图书馆转变，也是传统图书馆开展服务创新的主要驱动力。互联网技术让学生和教师可以随时随地通过网络从图书馆获取所需的图书和资料，不仅节省了时间成本，也极大地方便了他们的学习和研究。大数据技术使得图书馆可以更准确地了解用户的阅读偏好和需求，从而为用户提供个性化的服务和推荐，人工智能技术则赋予了图书馆智能化的能力，例如智能检索系统和智能问答机器人可以帮助用户更快捷地找到所需信息，提升了服务的效率和质量。

2. 信息技术推动了高校图书馆服务创新的多样化

传统的图书馆服务模式相对单一，难以满足用户的多样化需求，而信息技术则为其开展服务创新提供了条件。通过移动应用程序、社交媒体和智能设备，图书馆可以向用户提供更加多样化、个性化的服务体验。例如，通过移动图书馆 App，用户可以在手机上随时随地借阅电子书籍和期刊，数字化馆藏和在线学术资源平台也使用户可以获取到更丰富的学术资讯和知识。

3. 信息技术推动了高校图书馆服务创新的协同化

传统高校图书馆在提供服务时往往是独立运行、互不干扰的，难以实现资源的共享。信息技术的发展为高校图书馆带来了新的合作模式和运营方式，通过云计算、区块链等技术，不同的高校图书馆可以实现资源共享、信息互通，形成更加开放和协同的服务网络。例如，一些高校图书馆可以共同建立数字图书馆平台，共享数字化资源和学术资料，为广大用户提供更加丰富的资源和便捷的学习、研究环境。

二、信息技术背景下高校图书馆服务创新的内容

高校图书馆与公共图书馆的服务对象有所不同，其服务对象主要是高校师生。为了满足师生的学习和科研需求，高校图书馆需要提供馆藏资源建设、检索系统建设、环境优化、信息服务、出版服务以及借阅服务等多样化的服务内容。在信息技术的支持下，高校图书馆的服务创新主要体现在资源建设与管理、读者服务方式、馆舍空间建设以及教学科研服务等方面。

（一）资源建设与管理

在高校图书馆中，资源建设与管理是构建图书馆服务系统的核心，这不仅涉及到图书馆所收藏的图书、期刊等纸质资源，还包括数字化资源、数据

库等电子资源。而借助信息技术，高校图书馆可以实现对这些资源更加精细化、智能化的管理和利用。

1. 资源数字化管理

信息技术可以帮助高校图书馆实现资源的数字化管理，通过对图书馆所收藏的各种资源进行数字化处理，将其转化为可计算、可搜索、可统计的数据形式，高校图书馆可以更好地了解本馆的馆藏情况，做到心中有数。这样的数据化管理不仅能够提高图书馆的工作效率，还可以为读者提供更加准确、及时的服务。例如，当读者需要查询某一类图书的数量、类别或者具体位置时，图书馆的工作人员可以通过系统快速获取这些信息，为读者提供帮助。

2. 深层次利用馆藏资源

在技术运用方面，高校图书馆可以利用大数据技术、可视化分析和数据挖掘整合等手段，对资源进行更深层次的分析和利用。通过对读者借阅、浏览记录等数据进行分析，图书馆可以了解读者的阅读习惯、偏好，进而有针对性地开展相关推荐活动或者采购相关图书资源。利用数据挖掘技术，图书馆还可以挖掘潜在的热门图书或者主题，为读者提供更加个性化的推荐服务，提升读者的满意度。

3. 搭建统一的检索平台

信息技术还可以帮助高校图书馆实现资源的集成化管理和智能化服务。通过建设统一的资源检索平台，整合各类资源，实现资源的统一检索和管理，这样的平台方便读者查找所需资源，节省了读者的时间和精力。结合人工智能技术，图书馆可以提供智能化的服务，例如通过智能推荐系统为读者推荐符合其需求的图书或者期刊，通过智能客服系统为读者提供即时的咨询和帮助。

（二）读者服务方式

1. 硬件服务

当前，许多高校图书馆都在阅览室配备了计算机设备，供读者在线阅读和检索文献资料，随着移动设备的普及，平板电脑、电子书阅读器等移动端设备也逐渐成为图书馆的标准配置。有些高校图书馆为了方便读者，还会提供复印机、打印机和扫描仪等硬件设备。

2. 软件服务

读者在阅读电子资源时，通常需要使用各种软件程序，因此，图书馆提供的技术支持服务还包括各种软件服务。例如，提供 PDF、CAJ 等格式的文献阅读器以及光驱工具，使读者可以方便地阅读和查找相关文献。为了满足学术研究的需要，许多高校图书馆还会提供 Note Express、Endnote 等参考文献管理软件，以及 CiteSpace、EPS、Python 等数据分析软件，帮助研究人员进行数据预测、统计和分析。为了方便学生在校外访问图书馆资源，一些高校图书馆还会提供 VPN 软件，使读者可以在校园 IP 范围之外获取所需的资源。

3. 其他服务

除了提供硬件和软件服务外，高校图书馆还在服务方式上进行了创新。比如，许多高校图书馆为了节约读者的时间，帮助读者避开阅读高峰期，为读者提供线上预约服务，读者可以提前预约图书或研究室，减少等待时间，提高效率。一些图书馆还开展了远程参观和导览服务，通过网络直播或录制视频等形式，为不同地区的读者介绍图书馆的信息，让更多的人了解图书馆的资源，充分发挥馆藏资源的价值。还有一些高校图书馆通过社交媒体平台扩展服务渠道，进行在线咨询和答疑服务，为读者提供更加便捷的交流和沟通途径。

（三）馆舍空间优化

图书馆空间包括实体空间和虚拟空间，部分图书馆由于空间有限，已经不能满足读者日益丰富和多元化的阅读需求，因此，只有对馆舍空间进行优化才能更好地满足读者的需求，为读者提供更加多样化和高效率的服务。除了购入各种类型的软硬件设施外，高校图书馆还可以通过改扩建馆舍或重新规划空间布局，打造具有前沿技术或多元化技术的设备空间，为读者自主开展创造性的学习活动提供强有力的支持。

基础型的高校图书馆的设备空间较为常规，主要提供一些基本的设备来支持读者的学习和科研活动，其中包括电子资源库、一体机、电子导览等工具，能够帮助读者进行资料展示、多媒体学习和团队讨论。

科研型的高校图书馆的设备空间则更加注重利用前沿技术满足读者的

多样化需求，为读者提供更加丰富的学习体验。在新技术空间里，他们可以为用户配备一系列前沿技术工具，例如3D打印机、录制设备、影音设备、VR体验设备等。例如，通过3D打印技术，读者可以将自己的想法变成实体模型，进行创新性的设计；通过VR体验设备，读者可以身临其境地感受各种虚拟场景，拓展视野和想象力。

（四）教学科研服务

高校图书馆在教学和科研服务方面的创新是为了让读者更好地使用馆内的文献资源和各种软硬件设备，从而提升其学习和科研效率。

技术支持的教学科研服务在图书馆的服务内容中至关重要，因为其不仅能够为教学科研提供智力支持，还直接关系到读者对图书馆软硬件设备的有效使用。技术支持的教学科研服务通常包含硬件设备操作流程问题咨询和工具程序应用培训。在硬件设备操作流程问题咨询方面，图书馆提供了针对读者在具体使用过程中遇到的常见问题和故障的解决方案，帮助他们顺利地使用设备。在工具程序应用培训方面，则是针对各类文献管理、数据统计分析软件等工具的使用方法和技巧进行教学，以提升读者在科研活动中的效率和水平。

在读者培训方面，高校图书馆可以采取多种方式。对于一些操作流程、故障处理等较为简单的培训，通常由馆员或学生志愿者来进行，他们可以通过线上咨询或线下指导的方式，帮助读者解决一些基础的技术问题。对于一些科研软件工具的使用培训，则由第三方专业人员来进行，他们通常具有丰富的软硬件专业知识和实践经验，能够为读者提供更专业全面的指导和培训。

第五节　高校图书馆服务创新过程中技术与人文的结合

一、高校图书馆人文精神的内涵

图书馆作为存储和传播知识的重要场所，承载着丰富的人文精神内涵。阮冈纳赞在《图书馆学五定律》一书中高度概括了图书馆的人文价值，“书是为了用的”强调了图书馆的存在是为了服务于人类，其主要职能是使图书得到充分利用，而不仅仅是收藏和保存。“每个读者有其书”指出了图书馆应该向所有人开放，为所有人提供获取知识的渠道和空间。“每本书有其读者”强调图书馆要做好对藏书的分类整理和信息组织工作，使读者能够更容易地获取所需信息。“节省读者的时间”要求图书馆在各个环节都要考虑方便读者，使其能够更加便捷地获取所需信息。

20 世纪以来，我国图书馆界开始重视对图书馆人文精神的研究。蒋永福在 1991 年提出了“人文图书馆学”的概念，强调了以用户为出发点，探索用户利用文献信息的心理和社会机制。他将图书馆人文精神的内涵分为理念层、行为层和视觉层三个层面。理念层主要包括公益性的人文性质、服务性的人文功能和读者满意的人文目标；行为层则包括服务过程中的开放性原则、自由与平等原则和助人原则；视觉层则主要体现在图书馆建筑、设施和馆员服务中。这些层面共同构成了图书馆人文精神的丰富内涵。

图书馆作为社会的文化中心，不仅仅是知识的仓库，更是人文精神的传播者和践行者。它是人类智慧的结晶，是文化传承的载体，是社会进步的推动者。在图书馆，人们不仅仅是获取知识，更是体味人文情怀、感受人文关怀。图书馆应该是一个开放、包容的空间，为读者提供舒适、宁静的学习环境，比如位于爱沙尼亚首都塔林的塔林大学图书馆就是当地的文化地标之一，该图书馆的建筑结构注重与自然环境的融合，大量采用玻璃材料，使得光线可以充分进入馆内，为读者提供明亮、舒适的阅读环境。此外，其内部空间布局合理，设有休闲区、展览区和多功能活动室，为读者提供了更多的学习和交流空间。

二、高校图书馆人文精神的缺失

在信息技术迅猛发展的今天，高校图书馆正经历着向数字化和网络化图书馆的转型，这一转变背后也存在人文精神缺失的问题。主要表现在随着大量经费投入图书馆的信息技术建设，人力资源和读者的主体地位被忽视，导致图书馆的人文关怀不足，阻碍了图书馆人文精神的传承发展。另外，受市场经济的影响，图书馆不得不面对经营压力，导致部分公共图书馆不得不开展“有偿服务”。而高校图书馆虽然不存在经营压力，但仅仅依靠拨款也在很大程度上限制了其发展。

当前，高校图书馆各项规章制度中禁止性规定多于鼓励引导性规定，惩罚多于教育。传统的人文关怀逐渐被冰冷的规章制度所取代，这也在一定程度上削弱了图书馆的人文精神。

三、科学精神与人文精神的结合

科学精神与人文精神的结合是当代高校图书馆发展中至关重要的议题，随着科学技术的迅速发展和社会的变革，人文精神与技术之间的矛盾也越来越多，而在高校图书馆中，科学精神和人文精神都是不可或缺的，它们相互交织、相辅相成，共同构筑着图书馆的核心理念和发展方向。

科学精神作为图书馆发展的重要动力之一，强调的是对科学技术的研究和应用，以提高图书馆的工作效率和服务水平。科学精神要求图书馆在信息技术、数据管理、数字化服务等方面不断创新，不断引入先进技术和管理方法，以满足读者日益增长的需求。科学精神推动着图书馆向数字化、智能化方向迈进，使得图书馆的资源获取、信息检索和服务提供更加高效和便捷。

然而，单纯追求科学精神而忽视人文精神的做法是不可取的。人文精神强调的是以人为本，关注人的情感和价值，注重人性化的服务和人文关怀。在图书馆的工作实践中，人文精神体现为对读者需求的关注、对读者服务的细致和周到，以及对图书馆文化氛围的营造。人文精神使得图书馆不仅仅是一个信息资源的仓库，更是一个文化交流和学术交流的场所，是一个为读者提供思想启迪和心灵滋养的场所。

技术的发展本身是为了为人类提供服务。科学精神与人文精神的结合是当代图书馆在发展中必须面对的现实问题，高校图书馆作为专业的服务机构，既要追求技术的先进，运用科学的方法提升服务能力，也要顾及人的情感，根据自身实际实现科学技术和人文关怀的有机结合。只有在科学精神和人文精神的共同作用下，高校图书馆才能更好地为读者服务，成为知识传播和科研交流的重要平台。

第四章　高校图书馆服务创新体系的构建

第一节　高校图书馆服务创新的原则

一、以人为本的理念

人是社会系统中最基本、最活跃的因素，在高校图书馆服务创新体系的构建中，树立以人为本的理念是最重要的一条。

以人为本的理念强调用户至上，在高校图书馆的服务创新中，要将用户的需求置于首位，急用户之所急，想用户之所想，真正将用户放在主人翁的位置上，全力满足用户的需要。要将人文、情感、历史等要素融入服务中，不断挖掘和激发用户的创造力和内在潜力，引导用户实现既定目标。只有树立以人为本的理念，才能实现“一流的服务质量、一流的工作效率、一流的图书馆信誉”。高校图书馆的主要职责是为师生提供学术资源、信息服务和良好的学习环境，因此图书馆应积极倾听用户的意见和建议，关注用户需求的变化，针对用户的实际情况和需求制定相应的服务策略。要通过建立用户反馈机制、开展用户满意度调查等方式，及时了解用户的需求和反馈，不断优化和改进服务质量。

以人为本的理念体现了图书馆作为人文服务机构的使命，高校图书馆不仅是知识的仓库，更是文化传承和人文关怀的载体。在构建服务创新体系的过程中，图书馆应当注重传承和弘扬人文精神，关注人的全面发展和心理需求。通过丰富多样的文化活动，打造具有人文情怀的图书馆氛围，激发师生的阅读兴趣，提升他们的人文修养和综合素质。

以人为本的理念还体现在服务的个性化和差异化上，高校的师生群体具有多样化的需求和特点。高校图书馆应根据不同用户群体的特点和需求，提供个性化、差异化的服务。例如，针对不同学科领域的师生，可以开展定制化的学科服务；针对不同年龄段的读者，可以开展相应的阅读推广活动。比如在师范高等专科学校图书馆中，针对学前教育专业的师生，图书馆可以设置学前教育主题书架，收藏与幼儿心理学和保育教育相关的图书、绘本、教具等资源，并提供专业的教学辅导和课外阅读指导。还可以针对教师组织专题读书会、教学案例研讨会等，帮助教师拓展视野、提升教学水平。通过精准定位用户需求，量身打造服务模式，提升服务的针对性和有效性，实现服务的精细化。

以人为本的理念还体现在图书馆的组织文化建设和人才培养方面。图书馆作为高校的重要组成部分，在组织文化建设中也要树立以人为本的理念，营造尊重人、关爱人的工作氛围。要重视人才培养工作，培养高素质、高水平的专业人才，注重馆员的职业发展和能力提升，激励馆员发挥创新精神，共同推动图书馆的服务创新和发展。

二、可持续发展原则

可持续发展理念是站在未来的角度对人类社会发展的长远考量，强调在满足当前需求的同时，不损害未来发展的权益。高校图书馆在构建服务创新体系的过程中也应树立可持续发展的理念。

高校图书馆服务管理的创新和发展是一个长期、复杂且循序渐进的过程，要确保高校图书馆的可持续发展，就必须与时俱进，紧跟社会发展趋势。随着信息技术的不断发展和信息环境的持续变化，高校图书馆的服务管理必须具备持续创新的能力，这就要求高校图书馆不断调整和更新自己的服务理念、方法和技术，以适应不断变化的用户需求和信息环境。

在实践中，可持续发展原则应该贯穿于高校图书馆工作的方方面面，比如确保对馆藏资源的优化管理及合理利用，保持资源的及时更新，提升资源的利用率和可持续性。要提升对图书馆的馆藏资源进行整合和共享的能力，还要对馆藏资源进行定期更新和完善。高校图书馆在可持续发展方面还要注重提高用户的参与率，重视用户在图书馆发展中的作用和价值，建立良好的沟通和合作机制，从而更好地了解用户的需求和期望，为用户提供更加优质的服务。

可持续发展意味着高校图书馆还要将环境保护和可持续利用纳入其发展战略中。比如在馆舍建筑、馆内设施建设方面要做到减少能源消耗、降低碳排放、推广绿色技术等。通过建设绿色图书馆、推广数字化服务和电子资源的利用，降低对纸质资源的依赖，减少对自然资源的消耗，从而为社会的可持续发展做出积极贡献。

三、适用性原则

适用性原则又称一致性原则，一般用来评估组织的战略目标与其组织能力是否一致。正如前文所说，高校图书馆应以用户需求为出发点，最大限度地满足用户的需求，真正让用户感受到服务的人文性、卓越性。在开展服务创新的过程中，如果缺乏明确的目标，忽略用户的实际需求和使用习惯，那么即使内容再新颖、模式再先进，也毫无意义。

在实践中，高校图书馆可以通过多种途径来贯彻适用性原则，比如建立用户反馈机制，鼓励用户提出意见和建议，及时了解用户需求的变化，并根据反馈做出相应的调整。高校图书馆还可以通过定期调研的方式，利用大数据分析等技术手段，分析用户行为数据，精准把握用户需求，从而更好地开展服务创新。

四、馆藏结构优化原则

高校图书馆基于院校的不同定位，馆藏结构也不尽一致，比如幼儿师范高等专科学校类图书馆的馆藏资源就更加侧重于学前教育、幼儿心理、幼儿教育等方面，医学类院校图书馆的馆藏资源更加侧重于医学、生物医学、药学等学科领域的文献和资料，科研型院校图书馆的馆藏资源更加侧重于前沿理论研究成果等。因此，根据院校特色进行馆藏结构优化是高校图书馆充分发挥职能的关键。

随着高校的不断发展以及师生对图书馆资源需求的不断增长，丰富馆藏、优化馆藏结构已成为高校图书馆乃至所有公共图书馆高度关注的问题。在服务创新中，馆藏结构的优化对于提升图书馆的服务质量、满足用户需求至关重要。

在实践中，图书馆可以针对藏书量过多的门类进行系统分析，基于用户需求确定核心藏书。对于用户需求大且藏书相对丰富的门类，要不断更新馆藏资源；对于用户有需求但藏书量相对较少的门类，可以积极进行采购补充，增加藏书数量，以丰富馆藏；对于用户使用频率不高但馆藏相对丰富的资源要进行分门别类安置；对于用户不需要且馆藏资源贫乏的藏书可忽略。在进行统计分析的过程中，可以利用计算机技术和相关软件提高工作效率。针对用户需求不断进行馆藏资源优化能够进一步提升图书馆的服务质量。

五、特色性原则

随着信息时代的到来，许多高校图书馆用户面临着“信息过载”和“信息迷航”的问题，同时他们对个性化服务的需求也更加突出。在这样的背景下，服务创新必须具备特色性和针对性，以满足不同用户的需求。只有做出自身特色，才能为用户提供个性化和高效化的服务。

在实践中，高校图书馆应当根据用户的信息需求、习惯和爱好等因素，提供具有本馆特色的服务。图书馆要转变服务方式，建立起具有本馆特色的馆藏资源。根据本校的专业设置和学科建设，图书馆可以采取“你需要什么，我提供什么”的原则，充分发挥自身的资源优势，积极提供特色服务，从而提高用户的满意度。图书馆还可以针对本校的办学特点和专业设置，侧重收藏重点学科的专业文献，突出重点，同时也要兼顾其他学科的需求，确保馆藏资源的优化配置。

高校图书馆还应当充分利用自身资源，与其他图书馆合作，做到资源共享、优势互补、互有特色、互相补充，最终实现馆际互借，达到馆藏资源的共建共享。

六、效益原则

高校图书馆创新服务的过程中，坚持效益原则是为了确保图书馆能够在公益服务与生存发展之间取得平衡，从而取得经济效益和社会效益的双赢。

高校图书馆每年馆藏资源的更新、图书馆的维护、咨询服务系统的建设等都要花费不少资金，如果延续以往的管理模式，势必会造成经费的紧缺，从而无法为用户提供高质量的服务。因此高校图书馆只有在公益服务与经济效益之间取得平衡，才能实现更好的发展。

（一）经济效益评估与预算管理

高校图书馆要对服务创新所产生的经济效益进行全面评估和预算管理，要对投入产出比进行分析，从而合理安排经费和资源，确保资金的有效利用。例如，如果一个新的数字化服务项目需要大量的投入，但预期的回报较低，图书馆就需要重新评估其可行性，并优先考虑那些投入产出比较高的项目。

（二）社会效益最大化

除了经济效益外，高校图书馆也要高度重视服务创新能带来的社会效益，要对用户满意度以及对学术研究和学科发展的贡献等方面进行综合评估。图书馆可以通过用户调查等方式来评估社会效益，并据此调整和改进服务管理策略，以实现社会效益的最大化。

（三）降低用户的非物质消耗

高校图书馆要以用户为中心，通过提供高效便捷的信息服务来降低用户的非物质消耗，可以通过优化检索系统、提供个性化推荐、加强培训和指导等措施，帮助用户更快地找到所需信息，还可以通过提供开放式学习空间、数字资源访问等服务来减少用户的经济支出。

（四）成本与效益的平衡

由于经费有限，高校图书馆在开展服务创新的过程中可以采取适当的措施来降低成本，例如与其他机构合作共享资源、深入挖掘现有资源等，尽可能实现成本与效益的平衡。

第二节　高校图书馆服务创新的理念

一、个性化服务理念

个性化服务理念在高校图书馆开展服务创新的过程中具有十分重要的意义，其核心是以用户为中心，根据用户的实际需求和特点，通过信息技术和资源，提供个性化、针对性、及时性和有效性的服务。个性化服务理念在高校图书馆的具体应用主要包括以下几方面：

（一）服务定制和个性化推荐服务

高校图书馆可以利用信息技术，根据用户的专业特征、使用习惯和兴趣，分析其信息需求，并主动为用户提供定制化的信息服务，比如根据用户的浏览历史、检索记录等数据，推荐符合其需求的文献资料或资源，从而提高用户的信息获取效率和满意度。

（二）个性化咨询服务

高校图书馆可以针对用户特定的信息需求，利用网络查询、检索和加工技术，提供个性化的信息咨询服务，可以为用户定制个性化的咨询报告，解答其研究或学习中的具体问题，并提供相关信息资源的匹配服务。

（三）帮助用户有效检索和获取知识

高校图书馆可以为用户提供个性化的检索建议、信息素养培训等服务，以帮助用户充分利用图书馆的资源。

高校图书馆的用户群体包括教学研究人员、教师队伍、学生以及一部分社会用户，图书馆的管理创新旨在开展针对不同用户群体的个性化信息服务。例如，针对学习型用户，图书馆可以提供课程指导、学习资源推荐等服务；对于科研型用户，则可以帮助其找到符合研究方向的文献和资料。通过个性化的服务项目，高校图书馆能够更好地满足不同用户群体的需求，提升用户满意度。

二、特色理念

品牌特色是高校图书馆的独特标识，高校图书馆应当努力树立自身在用户心中的形象和地位，从而形成独特的特点和品牌形象。

高校图书馆的特色主要体现在馆藏特色和服务特色上。高校图书馆应该发挥馆藏特色，为本校的教学、科研和重点学科建设提供有针对性的服务，可以从学科特色、专题特色、地方特色、类型特色、语种特色等方面进行重点建设。

学科特色方面，高校图书馆可以根据本校的学科建设和专业设置，针对不同学科领域形成相应的馆藏。例如，理工类学校的图书馆可以建立丰富的工程技术、自然科学等学科领域的馆藏资源；文史类学校的图书馆则可以重点收藏人文社科类的文献资料。

专题特色方面，高校图书馆可以根据特定的学术研究领域或社会热点问题，建立专题特色馆藏资源，比如针对当前热门的人工智能、可持续发展、医疗健康等专题，积极收集相关文献资料，为师生提供深入研究的资源支持。

地方特色方面，高校图书馆可以根据所在地的地方特色，收集与该地区相关的文献资料，可以从地方经济发展、历史文化、社会风情等方面收集相关资料，为本地师生提供丰富的本土化学习资源。

类型特色方面，高校图书馆可以在特定类型的文献资料上形成特色，比如建立丰富的电子资源库、古籍善本馆藏、地方志馆藏等，以满足不同用户群体的需求。在出版物类型方面，除了收藏正式出版物之外，高校图书馆还应认识到非正式出版物也是馆藏资源的重要组成部分，如本校历届博士、硕士的学位论文、科研报告、国际国内学术会议文献等，这些文献具有较高的学术价值，是图书馆特色收藏的重要组成部分。

语种特色方面，高校图书馆可以收集多种语种的文献资料，为师生提供跨语种学习和研究的支持。

总而言之，建设品牌特色就是要利用所在院校特点和所在地的优势，构建具有本校特色的服务品牌。举例来说，华南理工大学图书馆通过建设轻工与食品学科服务平台、化学与化工学科服务平台等特色数据库，突出其理工科院校的特色和优势；中山大学图书馆利用其建校 90 年的宝贵历史资源，建立校史文献室、聚珍厅、民国珍藏馆等特色数据库，彰显其悠久的历史和文化积淀；暨南大学图书馆通过建立华侨华人人物数据库、华侨华人图片数据库等特色数据库，凸显了其在华侨华人研究领域的专业性和影响力。

三、资源共享理念

高校图书馆可以依托教育网络，通过资源的电子化、数字化和网络化，构建一个相互联合协作的服务网络体系，实现资源的共建共享。在数字时代，资源的共享不再局限于文献资源，而是扩展到了更广泛的领域，包括知识、经验和专业研究成果等。高校图书馆需要构建研究性的资源共享空间，以满足用户的多样化需求，促进学术交流、合作和知识创新。在资源共享方式上，可以参考以下几种：

（一）建立多维度的信息共享平台

高校图书馆可以通过建立在线信息共享平台，为用户提供多维度的信息资源和服务，其中包括提供学术期刊、学术论文、专家知识库、科研项目信息等，以及提供学术交流、讨论和合作的平台。通过这样的平台，用户可以方便地获取所需信息，并与专家学者进行交流与合作。

（二）设计专门的物理空间

除了在线平台，高校图书馆还可以在馆舍内设计专门的物理空间，为用户提供更加便捷的信息获取和信息推广服务，比如以图书馆为纽带建立学术交流区、合作研究区、专家咨询区等，为用户提供一个与专家学者面对面交流的机会，促进学术思想的碰撞和交流。

（三）提供个性化的信息服务

高校图书馆可以通过数据挖掘等技术手段，了解用户的需求和偏好，为其提供个性化的信息推荐、咨询和服务，提升用户满意度。

（四）建立紧密的馆员与用户关系

馆员应与用户建立紧密的关系，成为用户获取信息和解决问题的重要支持者。馆员可以通过在线平台和物理空间与用户进行互动交流，及时了解用户的需求和反馈，提供个性化的信息服务和解决方案。

（五）打造“社区型”信息服务网络

资源共享理念是建立在资源开放的基础上的，为此，高校图书馆应努力打造一个面向社会、促进信息交流和知识汇聚的“社区型”服务网络，吸引更多的用户参与到资源和信息的共建共享中来。通过组织学术讲座、研讨会、学术论坛等活动，建立学术交流合作平台，推动学术研究的发展和成果的转化。

四、知识理念

随着网络设施的日益完善和信息获取途径的多样化，传统的文献检索与传递服务正在逐步被知识服务所取代。知识服务不仅仅是简单地提供文献，更重要的是从海量信息中提炼、分析并提供解决问题的知识内容和解决方案。

（一）从资源提供向知识服务转变

随着用户的需求日益多样化，高校图书馆要将服务重点从传统的资源提供工作转向知识服务，不仅要提供信息资源，还要提供经过加工、分析和整合的知识内容，帮助用户解决实际问题，提高其学术和科研水平。

（二）加强知识服务能力建设

高校图书馆需要加强自身的知识服务能力建设，培养具备知识管理和知识服务能力的专业人才队伍。这包括加强对馆员的专业培训，提升其信息分析、知识整合和解决问题的能力，以及引进先进的知识管理技术和工具，提高知识服务的效率和质量。

（三）建立知识服务平台和机制

高校图书馆可以通过建立知识服务平台和机制，为用户提供全方位的知识服务，比如建立知识库、专家咨询服务平台、问题解决平台等，为用户提供个性化的知识支持，满足其学术和科研需求。

（四）促进知识共享与合作

图书馆作为知识管理中心，应积极促进知识的共享与合作。高校图书馆可以通过组织学术交流、合作研究等活动，促进学术界和产业界的知识交流与合作，推动知识的创新和转化。

五、学习理念

学习理念在高校图书馆的发展中具有重要意义。学习不仅仅是一种理念，更是一种行动，可以帮助图书馆更好地发挥其作为用户终身学习和继续教育场所的职能。然而，目前高校图书馆层级过多的组织结构、效率低下的工作作风、整体素质偏低的馆员队伍等问题都影响了其功能的发挥。因此，高校图书馆必须引进先进的学习理念，着力解决组织结构、管理体制、馆员队伍等方面存在的问题，努力成为和谐、高效的“学习型图书馆”。

（一）建立学习型组织

高校图书馆不仅是用户获取信息的场所，更是一个具有浓郁学习氛围的学习型组织，因此高校图书馆需要转变职能，树立学习型组织的理念，鼓励馆员不断学习和创新，积极参与学习活动，开展专业交流，不断提升自身的综合素质和专业能力。只有将自身打造成和谐、高效的学习型图书馆，才能更好地发挥其作为用户终身学习和继续教育场所的功能，为广大用户提供优质的学习环境和服务支持。

（二）优化组织结构和管理体制

高校图书馆需要调整和优化组织结构，减少层级，简化管理程序，提高决策效率。层级过多的组织结构往往会导致信息流动不畅，从而影响服务效率。通过优化组织结构，可以使得信息和决策更加迅速地传达到各个部门，提高工作效率。比如高校图书馆可以通过建立扁平化的组织结构，加强跨部门合作和信息共享，提升工作效率和服务质量。

（三）推进馆员队伍的素质提升

高校图书馆需要重视馆员队伍的培训和素质提升，通过引进人才、培养人才、激励人才，建立一支知识结构合理、业务能力过硬、团队协作良好的馆员队伍。此外，还应定期组织各类培训活动，提升馆员的信息素养、服务意识和沟通能力，以适应信息时代的需求，为用户提供高水平的学习和服务支持。

（四）倡导学习文化和知识分享

高校图书馆要营造良好的学习氛围，可以建立学习交流平台，鼓励馆员相互学习和交流经验，推动知识的分享和传播，促进团队的共同成长。

（五）积极倡导终身学习和自主学习

高校图书馆可以通过举办各类学习活动和培训班，积极倡导终身学习和自主学习，可以通过组织讲座、研讨会、培训班等活动，为用户提供丰富多样的学习资源和机会，帮助他们不断提升自身的知识和技能。

（六）建立学习评价和反馈机制

高校图书馆需要建立学习评价和反馈机制，及时了解用户的学习效果和需求，不断改进和完善服务。例如，可以定期开展用户满意度调查，从用户的反馈中获取改进建议，提升服务水平。

第三节　高校图书馆服务内容的创新

一、了解读者信息需求特点

只有对读者的信息需求有准确的把握，高校图书馆才能更好地发挥资源优势，满足广大读者的需求。

从服务内容的角度看，高校图书馆需要将服务内容从传统的文献检索向更加丰富多元的信息服务和“便民服务”拓展。在信息服务方面，需要增加网上信息导航服务的内容，为用户提供方便快捷的信息检索途径；加大参考咨询服务的力度，提供更加个性化和有针对性的信息咨询服务；从文献服务向知识服务转变，为用户提供更加深入、专业的知识解决方案。同时，还应扩展“便民服务”的内容，例如提供数字化服务、空间服务、文化活动服务等，为用户提供更加全面的服务。

从掌握读者信息需求特点的角度看，高校图书馆需要深入了解读者的信息需求特点，以便更好地调整服务内容和服务方式，满足广大读者的需求。当前，读者对信息的需求呈现出全方位和综合化的特点，他们需要的不仅仅是简单的文献检索服务，更希望能够获取内容全面、类型完整、形式多样、来源广泛的知识信息。因此，高校图书馆要能为读者提供全方位的知识信息服务。同时，读者对信息的开放性与社会化需求也越来越强烈，他们希望能够通过多个信息单位的协同服务实现信息资源共享。因此，高校图书馆需要借助网络技术开展馆际交流，实现信息资源的共享和服务的整合，为用户提供更加便捷、高效的服务。

例如，西北农林科技大学图书馆已建成了图书馆局域网，以 100M 带宽交换到桌面的 644 个信息点均能通过校园网与 Internet 连通，并且全部对师生开放；安装了江苏汇文自动化集成系统和 RFID 图书自助借还书系统，实现了图书借阅自动化、自助化。此外，该图书馆还提供图书流通、书刊阅览、科技查新、文献传递、网络检索、多媒体阅览、参考咨询、信息编译和分析研究等多项服务，是教育部科技查新工作站之一，并承担全校本科生及研究生的文献检索工作。该校图书馆拥有国内外电子图书 201.19 万册，中外文全文电子期刊 2.2 万余种。

二、加强数字化资源建设

数字化资源建设是现代图书馆发展的必然趋势，数字化资源建设对方便读者检索、节省馆藏空间、提高图书馆的服务水平等具有重要作用。

（一）数字化资源建设的途径

数字化资源建设包含多种途径。首先是将本馆的印刷型文献进行数字化处理，并将其放到网络上供读者检索，这样不仅可以节省馆藏空间，还能够提高读者获取信息的效率和质量。其次，数字化资源的建设还包括对各类电子出版物的引进，随着科技的发展，越来越多的学术和科研成果以电子形式出版，这些电子出版物不仅具有时效性强、更新快的特点，而且内容丰富多样。因此，高校图书馆应该积极引进各类电子出版物，以丰富馆藏资源，满足读者多样化的信息需求。

（二）数字化资源建设的内容

高校图书馆在数字化资源的建设过程中可以先将读者需求量大的特色资源、图片、地图、档案等进行数字化，同时根据读者的需求，合理引进有助于学校教学、科研的各类数据库。

除此之外，高校图书馆还应当加强科研课题文献数据库建设，主动深入课题组了解他们的文献信息需求，承担各种查新、检索工作，根据课题方向做好文献数据库建设工作。同时，要针对重点学科进行数据库建设，按学科级别、学科层次对数据库进行完善。另外，针对教学需要进行有关教材、习题、参考书的数字化资源库建设也是必不可少的。图书馆可以深入了解教师和学生的文献需求，将他们需求量较大的习题、参考书等制作成题库数据库或购置题库课件、光盘等。最后，针对学生素质教育进行有关数据库建设也是非常关键的。高校图书馆可以根据不同学生的特点，建立素质教育推荐图书书目数据库、素质教育期刊文献数据库等。

（三）数字化资源的优势

数字化资源具有诸多优势，首先，数字化资源可以为图书馆节省馆藏空间。传统的印刷型文献需要占用大量的库房空间，而数字化文献则可以存储在服务器上，不需要实体空间进行存放，大大节约了馆藏空间。其次，数字化资源可以提高图书馆服务的效率和质量。数字化文献可以实现全天候、全方位的检索，使读者可以根据自己的需要快速找到所需的信息，大大提高了信息获取的效率。再次，数字化资源的建设还可以促进馆际资源共享和互联互通，通过数字化资源的建设，不同地区、不同机构的图书馆可以共享数字化资源，实现资源共建共享，为读者提供更加丰富多样的信息服务。

三、为教学科研提供优质服务

（一）为教师教学提供服务

为教学科研提供优质服务是高校图书馆的使命之一。高校教师需要保持高水平的教学质量，这要求教师具有优秀的学习能力和将理论成果运用于实践的能力，在此过程中教师需要不断吸收最新的科研成果、准确的数据资料、生动的时事素材和典型的事例分析来补充自身的知识储备。高校图书馆作为教师查阅、参考资料的重要场所，为教师提供了丰富的资料，可以帮助教师实现教学内容的更新。随着科技的发展，教师需要不断进行专业知识的学习和更新，而图书馆提供的资料可以为他们开展自主学习提供强有力的支撑。

（二）为学生学习提供服务

除了教师的教学外，高校学生也需要大量的课外辅导资料来巩固专业知识和拓展知识面。图书馆为学生提供了丰富的信息资源，能够帮助学生更好地理解和掌握课堂上所学的知识。高校学生思想活跃、兴趣广泛，图书馆提供的信息资源丰富多样，能够满足学生们多样化的阅读需求。

（三）为科研提供服务

在科研工作方面，高校图书馆作为信息提供者扮演着重要角色，高校图书馆可以为科研工作者在课题的选题、调研、查询、论证等工作中提供支持，确保课题的创新性、科学性和实用性。

四、拓宽馆藏资源的开发利用途径

（一）加强对图书馆服务工作的研究

高校图书馆要立足于自身职能，加强对图书馆服务工作的研究，拓宽馆藏资源的开发利用途径。可以组织相关人员开展学术研究，探讨图书馆资源在科学技术发展与高校教学科研及教育改革中的作用，运用新理论和新方法不断解决新问题。此外，还可以定期举办一些区域性的高校图书馆工作学术研讨会，就新形势下高校图书馆所能提供的知识信息服务交流各自的成功经验，不断改进工作方式，提高工作效率。

（二）开发边缘学科资源

高校图书馆的核心工作是提供文献和信息查阅服务，因此就要最大限度地发挥图书馆馆藏资源的价值，要做到这一点，就要充分重视馆藏资源的开发与利用，尤其要注重边缘和交叉学科资源的开发。为此，高校图书馆可以建立“馆、系、室一体化”文献开发与配置的管理体系，多渠道、全方位获取信息，加强网络建设和数据库建设，通过互联网在更大的空间获取信息，从而改变文献信息资源开发配置的落后状态。

（三）推广社会阅读服务

在拓宽馆藏资源开发利用途径的过程中，对馆藏资源进行整理归类是一项关键工作。通过对馆藏资源的系统整理和分类，图书馆可以更好地了解馆藏的结构和特点，有针对性地进行资源的开发利用。对于那些本校师生使用频率不高且非专业类的书籍，可以考虑为社会提供开放阅读服务，从而最大限度地发挥这些资源的社会效益。

推广社会阅读服务一方面能够让社会各界人士更加充分地利用图书馆的资源拓展知识面，提升自身素养。另一方面，开放阅读可以促进图书馆与社会人士的互动与交流，通过向社会开放馆藏资源，图书馆可以吸引更多的社会人士前来借阅，从而促进图书馆与社会各界的联系与合作。另外，开放阅读也有助于提升图书馆的社会影响力和知名度。通过向社会提供优质的阅读服务，图书馆可以树立良好的形象，增强其社会影响力。

五、开发利用网络信息资源

在开发利用网络信息资源的过程中，高校图书馆应在合理组织文献信息资源的基础上，根据用户的信息需求，对文献信息进行分析处理，开展知识浓缩、提炼和重组等工作。在当今网络信息资源日益丰富的背景下，高校图书馆的馆员要具备网络信息资源检索和获取技能，有意识地收集、筛选和利用有效信息。同时，结合本馆馆藏文献信息资源，建立特色资源库，如重点学科导航库、专题资源库等，以满足用户的多样化需求。

网络信息资源的开发利用是一个系统工程，目前，我国的高校图书馆在网络信息资源开发方面涉及面较窄，还有很大的提升空间。因此，高校图书馆需要加强对网络信息资源的开发利用，不断提升自身的信息服务水平，更好地为教学科研和学习提供支持。

第四节　高校图书馆服务方式的创新

一、开展富有特色的数据库服务

开展具有特色的数据库服务是高校图书馆提升服务水平的重要举措之一。在信息时代，数字技术的发展为图书馆提供了丰富多样的建设路径，使得图书馆能够更好地服务用户，满足其信息需求。通过建立丰富多样的数据库，高校图书馆可以更好地整合资源、提升服务水平，为用户提供更加精准和个性化的服务。

第一，建立馆藏书目数据库是基础。这一数据库不仅仅是将传统的文献目录转换成机读目录格式，还要对其进行加工，使其具有网上查询和馆际互借功能。通过这样的数据库，用户可以方便地查询到图书馆收藏的各种文献资源，实现文献信息的快速获取。例如，北京大学图书馆建立了丰富的馆藏书目数据库，为师生提供了便捷的检索服务，极大地提升了图书馆的服务效率。

第二，建立联合目录数据库是实现馆际互借、资源共享的必要措施。这一数据库的建设不仅可以促进图书馆之间的合作与交流，还可以为用户提供更加广泛的文献资源获取途径。例如，各高校图书馆可以共同建立一个联合目录数据库，使得用户可以在任何一个高校图书馆查询到其他高校图书馆的馆藏情况，并进行馆际互借，从而实现资源的共享与优化利用。

第三，建立特色文献数据库是各高校图书馆展示自身特色、吸引读者、提高影响力的关键。通过建立特色文献数据库，图书馆可以更好地展示其丰富的文献资源，吸引更多的用户前来借阅。例如，清华大学图书馆建立了“多语种、全学科的数据库导航系统”，为科研人员提供了专业的信息检索服务。

第四，建立馆藏文献信息开发数据库对文献进行深层次开发，可以有效提高服务层次。这一数据库不仅可以帮助用户更好地理解文献内容，还可以提供更加专业的信息服务。例如，华东师范大学建立了“基础教育数据库”，为教育研究人员提供了丰富的教育资料和信息资源，为教育教学提供了有力的支持。

第五，建立虚拟馆藏数据库可以有效扩展馆藏范围，方便用户检索利用，为建设数字化图书馆奠定基础。这样的数据库不仅可以方便用户远程访问图书馆的文献资源，还可以实现资源的共享与共用。例如，南京师范大学建立了“唐宋金元词数据库”，为文学研究人员提供了丰富的古代文学资料和研究资源。

二、对网络信息资源进行有效组织

面对互联网上复杂的信息资源，用户往往会无从下手、无法筛选，在这种情况下，高校图书馆应承担起导航员和评价者的角色，有效地组织网络信息资源，以方便用户利用。

（一）建立主题排列链接

一种有效的做法是在图书馆的网站上建立主题排列链接，将对用户有用的网络信息资源和重要站点进行整理和分类。例如，普林斯顿大学图书馆的“数字收藏”为用户提供了一个数字化的收藏平台，使得用户可以方便地获取数字化的文献资源。清华大学图书馆的“馆外电子资源”服务拓展了用户的信息获取渠道，为用户提供了更加便捷和高效的服务体验。

（二）挖掘专题信息资源

挖掘专题信息资源能够进一步增强对信息资源的有效利用，更好地满足专业用户的信息需求。例如，英国数字图书馆项目建立了包括医学、管理、工程、数学、物理等专题的门户站点，为专业用户提供了丰富的信息资源，有利于满足用户对特定领域信息的需求，提升了信息获取的精准度和效率。澳大利亚研究理事会与各大学图书馆合作开发的农业资源网站为农业研究人员提供了有价值的农业信息资源，极大地促进了农业信息的传播和应用，既丰富了信息资源的来源，又加强了不同机构之间的合作与交流。在国内，一些高校图书馆也尝试建立了专业信息导航库，如上海医科大学图书馆建立的医学导航库等，为用户提供了更加精准的信息服务。

随着技术的不断发展，智能化的信息搜索服务也逐渐受到了人们的关注，这种服务具有智能性和自学习机制，能够根据用户的信息需求自动搜索网络资源并提供相应的信息。高校图书馆应积极吸收这些先进技术，并参与到相关技术的开发中，以提升信息服务的质量和效率。

三、推广一站式服务方式

“推拉技术”作为一种新型信息服务技术，为图书馆提供了更加个性化和高效的服务方式。“推拉技术”能够根据用户的兴趣和需求，主动将信息推送给用户，同时也支持用户根据自身需求主动获取所需信息。“推拉技术”的出现极大地改变了用户获取信息的方式，为图书馆提供了新的服务理念和实践方法。“推拉技术”中的“推”技术为用户提供了个性化的信息服务，通过“推”技术，图书馆可以根据用户的兴趣和需求，主动将符合其需求的信息推送给他们。例如，美国加州洛杉矶分校图书馆就利用“推”技术通过其网站向用户提供个性化的信息推送服务，使用户不用每次访问固定站点就能自动获得由网站发送的最新资源，其原理如下图所示：

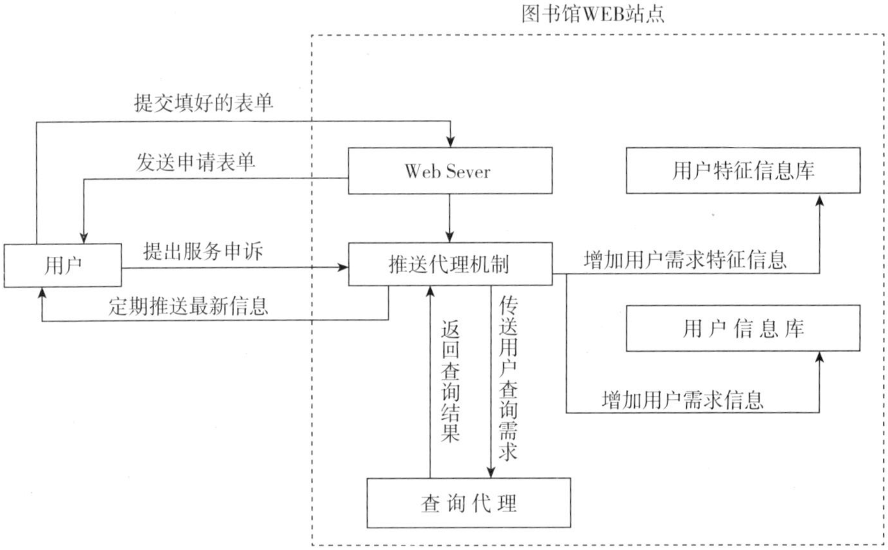

（摘自黄敏 . 图书馆信息服务模式及创新研究 [J]. 图书情报工作，2003：（06）：14—19.）

“推拉技术”中的“拉”技术则为用户提供了自主获取信息的途径，用户可以根据自身的需求和兴趣，通过网络浏览器主动搜索所需的信息，这种技术能够使用户根据自己的需要灵活地获取信息，提高了信息获取的效率和准确性。例如，当用户需要特定领域的资料或信息时，可以通过网络搜索引擎或数据库进行检索，以满足自己的需求。

“推拉技术”还可以帮助图书馆更好地利用和管理信息资源，通过对用户行为和偏好的分析，图书馆可以了解用户的需求和兴趣，有针对性地进行信息资源的收集、整理和推送。同时，“推拉技术”还可以帮助图书馆更好地评估和优化自身的服务水平和质量，从而不断提升用户体验。

“推拉技术”的运用为图书馆提供了更加灵活多样的信息服务方式，图书馆可以根据用户的需求和行为习惯，灵活地选择推送适合用户的信息内容，并且根据用户的反馈和行为数据进行调整和优化。这种个性化的信息服务方式能够更好地满足用户的需求，提高用户的满意度。

四、共建中国高等教育文献保障系统（CALIS）

由 61 所高校图书馆合作共建的中国高等教育文献保障系统（CALIS）展示了高校图书馆在服务的深度和广度以及文献资源共享和合作方面取得的重要进展，其总体框架如下图所示：

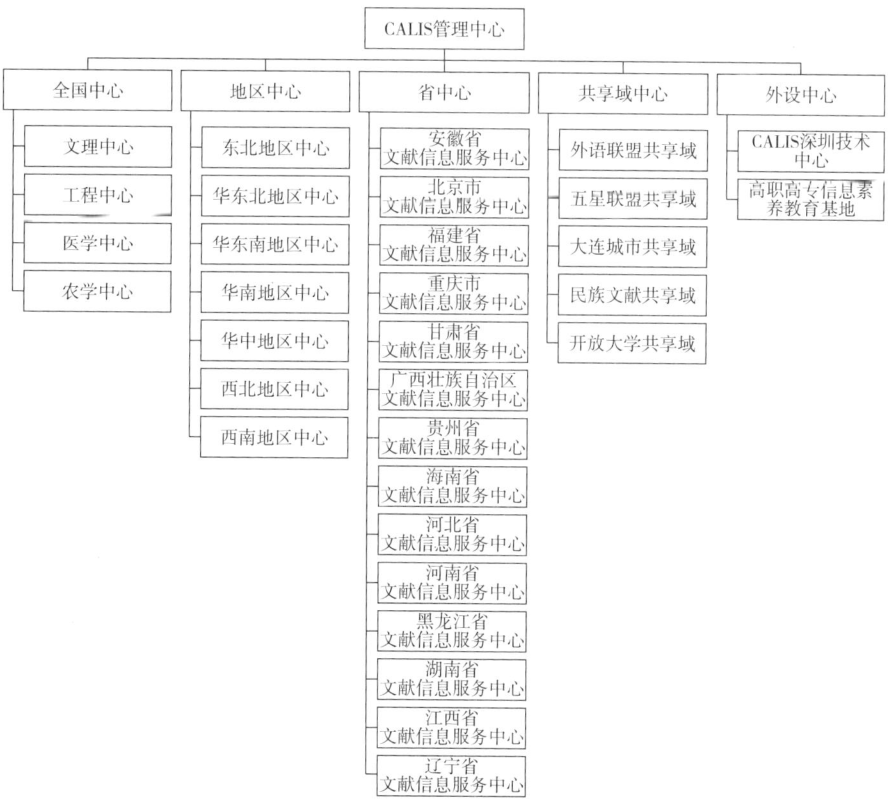

CALIS 服务体系总体框架

CALIS 系统的建设旨在通过高校图书馆之间的合作，构建一个共享的文献资源网络，以满足广大师生的学术需求和研究活动。CALIS 系统的建设不仅在服务深度和广度上取得了显著进展，还为图书馆服务的数字化转型提供了有力支持。

首先，CALIS 系统的建设体现了高校图书馆服务从传统文献传递到数字化服务的转变。随着数字技术的发展，高校图书馆的服务模式逐渐从简单的文献传递和参考咨询向网络服务拓展，满足了用户对信息的多样化需求。

其次，CALIS 系统的建设充分利用了各高校图书馆的专长和资源优势，实现了资源共建共享。参与 CALIS 系统建设的高校图书馆根据自身的专长和优势，分别负责不同主题的数据库，避免了重复建设，实现了资源、资金和人力的合理配置，这种合作模式不仅节约了资源，还提高了服务的质量和效率。

再次，CALIS 系统以建设联合目录数据库为基础，构建了以联机合作编目、书目资源公共查询和馆际互借为主的资源共享系统，这一系统不仅提供了更加便捷的文献检索和借阅服务，还为各高校图书馆之间的信息资源共享和合作提供了技术支持和平台保障。

最后，CALIS 系统的建设充分体现了高校图书馆之间的集约化合作和资源共建共享。各参与馆之间共享网上信息资源与服务，合理配置资源，实现了人才、技术和资源的优势互补，促进了信息资源的共建共享。.

例如，上海市中心图书馆的建设就展现了不同分馆之间的紧密合作和资源互补，其采取了集约化合作的方式，各分馆充分发挥自身优势，形成了互补互助的合作关系，从而推动了整个数字图书馆体系的建设和发展。黄浦分馆作为国内外经贸信息的窗口，承担了高质量经贸信息资源的收集、整理工作。通过与其他分馆的紧密合作，黄浦分馆将其丰富的经贸信息资源整合到了 CALIS 系统中，为各高校师生提供了及时、准确的经贸信息服务。静安分馆以商务信息咨询为特色，通过与其他分馆的协作，将商务信息咨询服务纳入了 CALIS 系统，为用户提供了全面、专业的商务信息咨询服务。上海交大图书馆充分利用计算机和自动化优势，负责中心图书馆的网上编目、采购和网上馆际互借等应用软件的开发和运营工作，通过与中心图书馆的紧密合作，上海交大图书馆为 CALIS 系统的建设提供了重要的技术支持。

总之，无论图书馆的信息服务如何变化，服务者与用户之间的沟通始终是其核心。传统信息服务的拓展意味着采用更新、更好的方式来促进服务者与用户之间的沟通。在网络环境下，新的服务方式甚至在一定程度上可以代替人与人之间的直接交流，并根据用户的需求提供有针对性的服务，比如“推拉技术”等。这种代替虽然在一定程度上满足了用户需求，但仍无法完全替代人与人之间的直接交流，因此图书馆还应积极参与到相关技术的研发中，不断增强其交互功能。另外，无论新的服务方式表现形式如何，只要能满足用户的个性化信息需求，解决用户面临的问题，就值得图书馆去开发。然而，深层次的知识信息服务必然以较高的信息综合度和用户适应性为特征，这也是图书馆信息服务发展的主流趋势和主要方向。因此，图书馆在开发新的服务方式时，应该不断提升服务的深度，以更好地满足用户的需求，促进图书馆信息服务的不断发展和进步。

五、重视对用户的培训

在当今信息技术快速发展的时代，高校图书馆为了更好地适应新形势下用户的需求，应加强对用户信息阅读能力和检索能力的培训，不断拓展和创新服务方式，充分发挥信息资源的作用，提升服务质量和水平。

（一）加强信息素养教育

在数字化时代，信息素养已经成为每个人都应具备的基本能力。高校图书馆可以通过举办各种形式的培训和讲座，提升师生的信息素养水平。培训内容包括信息检索技巧、文献评价能力、学术诚信等方面，帮助师生更加有效地利用图书馆的资源。

（二）为科研活动提供支持

高校图书馆应当成为科研活动的重要支持者和推动者，通过建立科研成果数据库、专利数据库等，收集和整理学校师生的科研成果，并为其提供知识产权咨询、成果转化等服务。此外，还可以定期举办学术研讨会、专题讲座等活动，促进学术交流和成果转化，提高科研成果的影响力。

（三）发展远程服务

随着远程教育的兴起，高校图书馆也应当积极发展远程服务，为校内外师生提供更广泛的信息资源和服务。通过建设远程教育平台，开展在线课程、网络讲座等活动，满足学生的学习需求。同时，可以利用现代化的通讯技术，开展远程咨询、指导学术研究等服务，让师生无论身处何地都能享受到高质量的图书馆服务。

（四）建立读书网，推广阅读活动

阅读是学生学习的重要方式，也是培养用户综合素养的重要途径。高校图书馆可以建立在线读书网，为师生提供丰富的阅读资源和阅读指导。通过开展读书分享、读书讨论等活动，鼓励师生积极参与阅读，提升阅读兴趣和能力。同时，还可以利用社交媒体平台扩大阅读的影响力，激发更多人的阅读热情。

（五）强化与其他图书馆的合作与交流

高校图书馆可以通过与其他图书馆的合作与交流，共享资源、借鉴经验，提升服务水平和质量。可以运用建立联合目录数据库、共建数字图书馆等形式，加强与其他高校图书馆的合作，实现资源共享、馆际互借。同时，还可以定期举办图书馆工作交流会、研讨会等活动，促进图书馆之间的交流与合作，共同推动高校图书馆事业的发展。

第五节　高校图书馆服务创新案例

一、清华大学图书馆服务创新实践

一直以来清华大学图书馆都是国内高校图书馆的表率，在各方面都处于领先地位。然而，随着社会的发展，清华大学图书馆也面临着前所未有的挑战。全球经济的发展和信息技术的进步使得图书馆工作的自动化和网络化程度不断加深，传统的服务理念和方式已经无法满足新形势下的需求。同时，读者对文献信息的需求也发生了巨大的变化，与图书馆提供的服务不相适应的矛盾日益突出。在清华大学提出到建校一百年时成为世界一流大学的奋斗目标的背景下，清华大学图书馆也面临着如何配合学校向“综合性、研究型、开放式”大学发展的重要课题。

（一）观念的创新

为了确保图书馆的发展与清华大学的发展相适应，清华大学图书馆确立了自己的发展目标，即“建设与一流大学相适应的、研究型、电子化、开放文明的大学图书馆”。在图书馆意见征集表中，清华大学图书馆更加关注本校师生的满意度，以及他们对变革效果的评价，重点关注图书馆的改革是否有利于可持续发展。

（二）服务模式的创新

清华大学图书馆积极学习和借鉴国外先进的服务方式，在图书馆职能发挥方面，从传统的“重藏轻用”转向“以用为主”。在这一转变的过程中逐渐形成新的服务模式，其中包括本地服务与网络服务相结合、大力发展网上服务、实现“主动”式服务和提供集成化的资源与“一站式”服务。

在本地服务与网络服务相结合方面，清华大学图书馆将本地服务与以网络为基础的远程服务相结合，通过改善馆内设施、增设上网计算机以及提供无线网接入服务等措施，使读者在馆内能够更方便地利用图书馆的资源。同时积极开展网上服务，包括预约、续借、催还等服务以及参考咨询服务。

在“主动”式服务方面，清华大学图书馆采取积极主动的态度，为读者提供培训和参考咨询服务，旨在帮助读者更好地利用图书馆的资源。通过读者培训活动，增强其信息素养和图书馆资源利用能力，培训活动不仅包括图书馆的使用方法和资源检索技巧，还深入到了学术写作、文献管理等方面，帮助读者全面提升自己的学术能力。在参考咨询服务方面，无论在线下还是线上，读者都可以随时向图书馆咨询相关问题，图书馆员会及时给予回应和帮助。同时，通过定期的反馈和沟通，图书馆可以了解读者的需求和反馈，根据读者的反馈意见不断改进和优化自身的服务体系。

在“一站式”服务方面，清华大学图书馆通过编制联合目录、建立导航数据库以及拓宽国内外馆际互借渠道等措施，实现了印刷型文献与电子资源、实体资源与虚拟资源的有机结合，为读者提供了更加便捷的资源获取渠道。

（三）馆藏资源结构的创新

清华大学图书馆在丰富学术性文献信息资源方面将印刷型文献与电子化、网络化资源进行有机结合，以满足广大读者的需求和提升服务水平。图书馆在资金投入方面进行了重大调整，近三年来，清华大学图书馆每年用于购买中外文图书的费用是过去的三倍，同时，电子化资源也得到了快速发展，年购经费在总经费中的比例达到了30%，文献数据库和全文电子期刊数量也大幅增加，为读者提供了丰富的学术资源。

此外，清华大学图书馆还针对读者反馈的问题对业务工作流程进行了创新，包括与书商合作直接推送新书订购、对时效性强的新书实行急编或简编，以最大程度地满足读者的需求。

在资源结构的调整中，清华大学图书馆充分考虑了学校的学科发展规划，大力发展电子资源和以网络为基础的服务，将重点放在电子资源的完善和网络服务的发展上，从而走上了跨越式发展之路。

（四）组织建设的创新

清华大学图书馆在组织建设方面进行了创新，不断改进人才队伍结构，将引进优秀人才放在重要位置，注重人才的培养，为建成世界一流大学图书馆提供人力支持。图书馆高度重视专业人才的作用，特别是业务和学术带头人，为他们营造了良好的工作环境。

在人才队伍结构方面，清华大学图书馆的高级职称人员、中级职称人员、本科以上毕业生的比例均得到显著提升。高级职称和高学历人员的比例不断增加，显示出人才队伍结构的不断优化，年龄结构的不断年轻化，为图书馆的发展注入了新的活力。

在人才培养方面，图书馆注重为他们提供实践锻炼的机会。例如，在引进大型图书馆系统软件的同时，放手培养和锻炼年轻人，使一大批中青年骨干迅速成长，并带动了整个业务队伍整体素质的提升，从而有助于培养出更多具有实际操作能力和创新思维的人才。

在人员考核方面，为了提高工作人员的积极性，清华大学图书馆通过建立科学合理的激励机制和考核评价体系，激发了馆员的工作热情和创造力，使他们能够更加积极地投入到图书馆的工作中。

二、西北农林科技大学图书馆服务创新实践

2000 年 7 月，西北农林科技大学图书馆正式组建，成了一个整合了多

个单位图书馆资源的综合性图书馆。南校区图书馆和北校区图书馆分别展现出现代与古典两种不同风格，形成了独特的氛围。

目前，西北农林科技大学图书馆的建筑面积共32104平方米，提供2964个阅览座位，其中包括468个电子阅览座位。馆藏资源包括纸质和电子资源，其中纸质资源总量达275.2万册，电子资源库113个，包括丰富的中外文电子期刊和数据库。

（一）理念创新：树立“以用户为中心”的服务理念

西北农林科技大学图书馆自建馆之初就一直秉承着“以用户为中心”的服务理念，不断创新服务方式和提升服务质量，致力于满足用户的信息需求，促进学校教学科研工作的顺利开展。在服务创新实践中，图书馆注重用户需求调研和反馈，定期开展用户调研活动，通过问卷调查、座谈会等形式，了解用户的需求和期望，及时发现存在的问题和不足之处；通过建立用户反馈机制，鼓励用户提出意见和建议，以便及时改进服务内容和方式。

西北农林科技大学图书馆致力于为用户提供多样化的服务内容，为了更好地满足用户的信息需求，图书馆不断丰富和拓展服务内容，涵盖了图书借阅、文献检索、学术咨询、数字化资源服务等多项服务，同时还开展了丰富多彩的文化活动和学术讲座，为用户提供更加全面的知识服务。通过引入先进的信息技术和管理手段，优化服务流程，提高服务效率和质量。如推行自助借还书系统、建设智能图书馆等，让用户的借阅和查询更加便捷快速，通过不断改善图书馆的硬件环境和软件设施，打造舒适的阅览环境，提升用户的使用体验。

西北农林科技大学图书馆在用户服务方面还比较重视对用户的教育和培训。为了提高用户的信息素养和利用图书馆资源的能力，图书馆会定期开展各种形式的用户教育和培训活动，包括信息素养培训、图书馆导览、数据库使用指导等，通过这些活动，帮助用户更好地了解和利用图书馆的各项资源和服务，提高信息检索和利用能力。

（二）管理创新：提升文献信息管理水平与服务质量

西北农林科技大学图书馆从完善体制机制入手，优化管理流程，为服务创新改革破除壁垒，不断提升文献信息管理水平和服务质量，为广大读者提供更加优质的服务。

图书馆设立了共产党员示范岗，发挥了党员的先锋模范作用，引领全体馆员践行党的指导思想，树立正确的服务理念，提高服务质量，为读者提供更加优质的服务。图书馆积极贯彻落实党的各项精神文明建设方针和政策，履行教育职能和信息服务职能，形成了“勤政、规范、高效”的工作作风和“积极、热情、团结”的精神风貌，为读者营造了良好的学习环境和学习氛围。

西北农林科技大学图书馆通过补充、修订、完善图书馆的各项规章制度，为服务创新奠定了制度基础。图书馆重新编制了《图书馆工作制度汇编》《读者手册》《数据库使用指南》等文件，进一步明确了相关人员的岗位职责，为图书馆工作的规范化管理提供了依据，进一步提升了图书馆的管理和服务水平。

西北农林科技大学图书馆在原有的组织结构的基础上，成立了图书馆学生管理委员会，联合校团委，建立了“大学生人文素质阅览室”，加强了与读者的互动，架起了读者与图书馆之间双向沟通的桥梁。通过这些举措，西北农林科技大学图书馆能够及时了解读者对文献信息的需求，从而有针对性地为读者提供文献信息服务。

（三）技术创新：建设全天候文献信息服务平台

西北农林科技大学图书馆致力于建设全天候文献信息服务平台，为全校师生提供便捷高效的信息资源支持。该平台以两台 Sun 小型机为服务核心，采用千兆以太网作为骨干传输网络，配备 22 台读者查询机、85 台业务工作机以及 444 台电子阅览室免费开放的计算机终端，以便更好地满足全校师生随时随地获取文献信息的需求。

图书馆形成了涵盖全校各个学科和专业的馆藏电子文献体系，其中包括中外文全文电子期刊 16000 种，外文全文电子期刊 4634 种，中文电子图书 19000 余种，以及两个国际联机检索终端，为师生的学术研究提供了有力的支持。

此外，西北农林科技大学图书馆构建了多途径、跨时空的全开放服务体系，图书馆不仅提供传统的纸质文献借阅服务，还注重网络浏览和电子文献检索的开放服务，全面启动了面向全校师生的“现代文献信息获取技术”系列讲座，系统地介绍了图书馆的馆藏资源和检索利用方法，提升了师生的信息素养以及文献信息获取能力。

（四）资源创新：优化馆藏资源结构

优化信息结构、合理配置资源是高校图书馆在信息服务工作中的关键环节。西北农林科技大学图书馆在这方面做了大量的工作，以满足教学和科研活动对文献信息的需求。在文献资源建设中，逐步形成了与学科建设相统一的文献资源体系，为教学和科研活动提供了有力的文献信息保障。

西北农林科技大学图书馆通过整合原西北农业大学、西北林学院、中国科学院水利部水土保持研究所、水利部西北水利科学研究所、陕西省农业科学院、陕西省林业科学院、陕西省中国科学院西北植物研究所 7 所单位的馆藏资源，使馆藏外文期刊的总数达到了 2000 种，其中连续收藏 60 年以上的期刊从 16 种增加到 26 种，连续收藏时间最长的达 90 年。图书馆先后与美、英、德、日等 16 个国家和地区建立了交换关系，与国内数十个单位建有资料联系。此外，图书馆还建立了校内著作展室、黄土高原地域、水文气象专题文献库等，形成了以干旱与半干旱地区农业研究为特色的信息资源体系。

此外，西北农林科技大学图书馆还将国内外前沿性的会议资料、高端论坛的信息等作为有效的资源配置。每年举办的农业高新科技成果博览会、各类国内外会议和科技论坛的资料都被视为图书馆的重要信息资源，为师生提供了及时高效的信息支持。

（五）服务创新：建立“学科馆员”制度

“学科馆员”制度是一种新的服务模式，在国外，大学图书馆普遍设有学科馆员，在国内，清华大学图书馆于1998年率先实行学科馆员制。随后，国内越来越多的大学图书馆陆续实行或试行这一制度。“学科馆员”制度的实施有助于图书馆将信息服务有机融入专业研究和社会行业发展中，从而更好地满足用户的需求。

西北农林科技大学图书馆建立了一支具备专业知识和实践能力的学科联络员队伍，这些学科联络员具备丰富的专业知识和实践经验，能够更好地理解并满足各院系的信息需求，提供有针对性的服务。与此同时，由各院系推选一名热心图书馆事业、了解本院系研究工作现状及发展方向的专家作为“图情教授”，负责向图书馆提供本院系的研究动态和信息需求，并配合学科馆员开展相关工作。

学科馆员作为专业知识背景和实际能力兼备的工作人员，在服务过程中，负责了解相关院系专业学科的发展动态和最新成果，以及教职工的文献信息需求，从而有针对性地为其提供信息服务。此外，学科馆员还负责对相关学科的信息资源进行研究，跟踪了解对口学科的发展动态，从而为图书馆的文献资源建设提供建议。

（六）定位创新：以服务带动地方产业发展

除了为学校师生的教学和科研提供支持外，西北农林科技大学图书馆还积极参与了杨凌农业高新技术成果博览会等活动。通过深入了解农业基础研究的前沿动态、产业化前景、技术含量以及生产潜力等方面的信息，结合地方实际，西北农林科技大学图书馆编印了农村实用技术专题资料，包括新技术、新经验、新发明、新信息等内容，并将其提供给地方乡镇的图书室及需要农业信息的用户。这些资料真实可靠，易于理解和应用，很好地满足了农村和乡镇用户的需求。

西北农林科技大学图书馆还举办了农村实用技术书刊展览、农业信息专题讲座、科技推广现场报告会、咨询交流会等活动，在农民群体中广泛传播农业科技知识和信息，农民们得以学习和吸收新知识、新技术、新方法，并将其运用到农业生产中。

作为科技文献信息服务单位，西北农林科技大学图书馆改变了以往被动等待读者上门的服务方式，积极走出图书馆，宣传报道农业科技成果，开展科技咨询和信息服务活动，取得了显著成效，赢得了师生和社会的广泛认同。

三、南京大学图书馆服务创新实践

到 2007 年 12 月，南京大学图书馆（包括浦口校区思源图书馆）共设有 20 个阅览室，提供 3000 个阅览座位，总馆舍面积约 5 万平方米，工作人员达 130 余人。截至 2021 年 12 月，南京大学图书馆的藏书规模进一步扩大，累计馆藏量达 6485411 册，其中中文图书新增 59388 册，外文图书新增 6459 册。此外，图书馆的数据库也在不断增加，累计达到 205 个。

（一）馆藏资源服务创新

当前，南京大学图书馆围绕学校“办中国最好的本科教育”的奋斗目标，以满足用户的需求和适应时代的发展要求为抓手，在馆藏资源服务方面不断进行着创新。

1. 丰富多样的馆藏资源

南京大学图书馆馆藏资源十分丰富，经过不懈努力和不断积累，如今已经形成了相对系统、完整的藏书体系。古籍资源方面，目前图书馆馆藏古籍近 40 万册，其中善本古籍有 3 万余册，这些文献资料具有重要的历史和学术价值。地方文献、古代目录学文献以及丛书的收藏已形成特色，在全国各大图书馆中处于领先地位。在外文馆藏资源方面，南京大学图书馆的馆藏资源涵盖了 80 多个国家和地区、20 多个语种的期刊，其中以物理、生物、地学、数学等学科为特色，为师生提供了丰富的研究资料。

2. 地科教材中心和文科文献中心的建设

在教育主管部门的支持下，南京大学图书馆逐步建立了地科教材中心和文科文献中心，进一步丰富了馆藏内容。地科教材中心涵盖地质、地理、气象、天文、环境科学等领域的教材资源，为相关专业的师生提供了全面的学习资料；文科文献中心则收集了文科领域的重要文献资料，为文科研究提供了丰富的参考资源。

3. 数字化资源与开放获取

随着数字技术的发展，南京大学图书馆也在积极推动图书馆资源的数字化建设，将纸质文献转化为电子资源，并开放部分数字化资源供用户在线浏览和下载。这一举措不仅方便了用户的检索和利用，还提高了文献资源的利用率和传播效率。图书馆创建了门户网站，通过学科导航、主题推荐等方式，帮助用户更快地找到所需的学术资源和信息，有效提高了馆藏资源的利用率。

（二）馆际交流创新

南京大学图书馆作为一所具有悠久历史和丰富资源的学术机构，一直致力于推动馆际交流与合作，不断提升服务水平和资源共享程度。

1. 统筹协调校内院系图书室和资料室工作

南京大学图书馆负责统筹协调校内 21 个院、系、所的图书室和资料室工作，通过建立联席会议、定期交流等方式，加强各单位之间的沟通和合作，共同推动图书馆服务水平的提升和资源的共享。

2. 与国内外 700 余个单位建立业务联系和书刊交换关系

南京大学图书馆与国内外 700 余个单位建立了业务联系和书刊交换关系，积极开展学术交流与合作，共享资源、互惠互助。通过举办学术研讨会、展览、讲座等活动，促进学术交流与合作，拓展了馆藏资源的利用范围和影响力，为本校、江苏乃至全国的读者提供了优质高效的服务。

3. 推动地区乃至全国高校图书馆的交流与协作

南京大学图书馆长期以来一直致力于推动江苏省高校图书馆的协作与交流。通过举办学术研讨会、培训班、交流访问等活动，促进江苏省高校图书馆的经验分享和资源合作，提升江苏省高校图书馆事业的发展水平。此外，南京大学图书馆还积极与其他省份的高校图书馆开展交流与合作。

通过组织联合培训、共建数字资源平台、开展学术研究项目等方式，促进跨区域图书馆间的资源共享和合作发展。

4. 利用现代技术手段推动交流合作

随着信息技术的发展，南京大学图书馆也充分利用现代技术手段，如建立图书馆联盟平台、数字化资源共享平台等，促进与其他单位的交流与合作。通过网络会议、远程培训等方式，实现跨地区、跨单位的信息共享和交流，提高了工作效率和合作效果。

（三）数字化资源创新

南京大学图书馆一直是国内领先的高校图书馆之一，在数字化资源管理与服务创新方面也取得了显著的成绩。

1. 先进的图书馆管理系统

南京大学图书馆在数字化资源管理方面取得了显著的成绩，1986 年成功研制了条形码计算机中文图书流通管理系统，1992 年开发了中文采购、编目管理系统，1998 年全面更新了“汇文”系统，实现了图书馆管理的全面计算机化，大大提高了图书馆的管理效率和服务水平，为读者提供了更加便捷的借阅和查询服务。

2. 全面推进智慧图书馆建设

（1）智慧图书馆建设

2012 年 5 月 20 日，南京大学智慧图书馆（Smart@lib）在线读者服务系统正式开通，同时推出了一系列全自助服务系统，标志着南京大学图书馆正式迈入了智慧图书馆时代。

南京大学智慧图书馆的建设旨在通过各个服务系统（例如 Book+、Find+、Mobi+、Pad+、Subject+）的建设和融合，建成一体化的读者服务平台，以适应多元化的用户需求和信息获取方式。主要服务模式包括：Book+ 个性化服务模式：通过数据分析和算法，为读者提供个性化的阅读推荐和定制服务，以满足不同读者的阅读偏好和需求。Find+ 知识发现服务模式：提供高效的信息检索和知识获取工具，帮助读者快速准确地找到所需信息，并支持知识管理和学术研究。Mobi+ 移动图书馆服务：通过移动应用程序或网页，为读者提供随时随地的服务，包括借阅、续借、预约、查询等服务，增强了读者的服务体验和便利性。Pad+ 读者互动服务终端：提供互动式的阅读体验和学习环境，促进学术合作和知识共享。Subject+ 学科知识服务模式：针对不同学科领域的需求，提供专业化的信息资源和服务，包括学科导航、学术咨询、学术交流等，满足学术研究和教学的需要。

南京大学智慧图书馆的建设单位包括南京大学图书馆、南京乐致安信息技术有限公司、江苏汇文信息技术有限公司和南京大学信息管理学院。通过跨界合作，充分利用各方的专业优势和资源，共同打造了智慧图书馆服务平台，为读者提供了更加智能、便捷、个性化的图书馆服务。

（2）NLSP 平台建设

长期以来，南京大学图书馆一直致力于智慧图书馆的建设，通过引入云计算等先进技术，推出了图书馆管理系统 NLSP。NLSP 平台具有纸电数统一的管理、整合与分析功能，以及开放融合的数据链接，为图书馆的数字化服务提供了更为强大的支持。此外，南京大学图书馆还指导开发了新一代图书馆服务平台“NLSP1.0”，并在2019年推出了“NLSP2.0”平台，不断优化和升级业务流程，增加了针对读者的多项新功能，构建了更加智能化和个性化的服务体系。

此外，南京大学图书馆还推出了一系列的全自助服务系统，数字化自助借还系统可以帮助读者通过自助终端进行图书的借阅和归还，无须等待人工服务，提高了借阅效率和便利性；自助文印扫描系统能够提供自助文印和扫描服务，读者可以自行打印文稿或扫描文件，满足学习和研究需要；轻印刷系统可以为读者提供打印服务，包括课件、论文等文档的打印，方便了学术交流和教学活动；读者可以通过研究小间网络管理自助预约服务系统自主预约研究小间，进行学术研究和讨论，提高了学术合作和交流的效率；离校自助查询系统可以为即将离校的学生提供自助查询服务，包括借阅记录、欠费情况等，帮助他们处理好离校前的图书借还事宜。

3. 持续进行技术创新和实践探索

南京大学图书馆秉承“励学敦行”的校训，不断进行技术创新和实践探索。在数字化资源管理方面，图书馆不断尝试新技术、新方法，不断提升数字化服务的能力和水平。通过与国内外同行的交流与合作，不断吸收借鉴先进经验，完善自身的数字化资源管理体系，为读者提供更好的服务。

（四）建筑设计创新

1. 空间设计的人文理念

南京大学图书馆在空间设计方面进行了创新，不仅在功能性上有所突破，还充分考虑了现代化、休闲化和个性化服务的人文理念。2009 年 9 月，南京大学仙林国际化校区杜厦图书馆建成并投入使用，该图书馆总建筑面积 53000 平方米，外部造型独特，位于校园礼仪大道北端，正对校区主入口，依山傍水，成为仙林国际化校区的标志性建筑。独特的建筑风格和人性化的室内布局充分体现了图书馆作为知识殿堂和文化中心的重要地位。

2. 大流通、大阅览的服务模式

南京大学图书馆新馆采用大流通、大阅览的服务模式，总服务台设在二楼大厅，方便读者办理借还书等事务。此外，全楼设有 45 个研究小间和 3 个音乐鉴赏室，为读者提供了安静、舒适的学习和阅读环境，满足了不同读者群体的需求。

3. 多功能性的设计

新馆在设计上考虑了未来发展的需求，既为未来的发展预留了一定的空间，又凸显了图书馆的多功能性，不仅可以作为学习和阅读的场所，还可以举办各种文化活动、学术讲座等，成为校园内重要的文化活动中心。

4. 个性化服务创新

新馆充分考虑了读者的个性化需求，提供了多样化的学习和阅读空间，

为读者营造了舒适、安静的学习氛围，同时配备了先进的设备和技术，为读者提供了高效便捷的服务体验。

四、上海交通大学图书馆服务创新实践

经过多年的发展和积累，在馆藏资源方面，上海交通大学图书馆不仅在理工科领域形成了特色，还加大了对人文社科类馆藏资源的建设力度。截至 2023 年底，图书馆总面积达到 7 万余平方米，馆藏纸质图书 342 万册，电子图书 430 万册，纸质期刊 7500 余种，电子期刊 5.8 万种，学位论文 994 万篇。

作为国际大学图书馆联盟（IATUL）理事单位，上海交通大学图书馆与国内外众多单位建立了合作关系。同时，该图书馆也担负了多项重要职责，包括中国高等教育文献保障系统 (CALIS) 华东南地区中心、上海市高等学校图书情报工作委员会秘书处等。此外，该图书馆还是科技查新工作站、国家知识产权局专利文献服务网点单位、全国首批高校国家知识产权信息服务中心。

为了适应学校的发展战略，上海交通大学图书馆不断努力构建智慧型的信息知识服务中心，致力于成为一个开放、交互、互联的知识创新服务平台，为学校师生的学习和科研提供支持和保障。

近年来，上海交通大学图书馆通过创新服务理念、改革运行模式，不断提升图书馆服务质量，扩大对外影响力，提出了“3+1”服务改革体系。

（一）制度改革创新

1. 重塑服务理念

上海交通大学图书馆进行制度改革的核心理念是“资料随手可得，信息共享空间；咨询无处不在，馆员走进学科；技术支撑服务，科研推进发展”，旨在进一步提升服务水平和质量。

2. 改革机构

上海交通大学图书馆于 2007 年底进行了第一轮改革，把原先的 13 个部门精简成 4 个部门，即：情报研究所、读者服务总部、技术服务总部和行政管理总部，旨在实现扁平化管理、提高服务效率。之后随着图书馆实际运行的需要，2016 年又做了进一步调整，现在上海交通大学图书馆共分 6 个部门：资源与公共服务部、学习与研究支持部、文化与特藏服务部、平台与技术支撑部、后勤保障与文影部以及行政管理与合作部。

3. 建立泛学科化的服务体系

上海交通大学图书馆通过和教授直接交流，把学科服务嵌入他们的研究过程之中。上海交通大学图书馆首创了 IC2 创新服务模式，图书馆把信息共享空间（Information Commons，IC1）和创新社区（Innovation Community，IC2）以乘法关系相结合，强化学术创新支持与人文素养拓展，力求提升图书馆的服务效能。现在 IC2 创新服务模式已成为泛学科化服务体系中的一个品牌，旗下包括 IC2 创新支持计划和 IC2 人文拓展计划两个子品牌，分别从学术和文化的角度拓展学科服务。

4. 文化编织

“3+1”服务改革体系中的“1”指的是文化编织。上海交通大学图书馆的文化建设由三个部分组成，包括组织文化、管理文化及环境文化。组织文化是其中最重要的部分，尤其强调人文关怀和团队精神。通过精神和物质的双重激励，以及完善的培训机制，上海交通大学图书馆充分调动员工的积极性，保障图书馆的良性运行。

正如上海交通大学图书馆原馆长陈进所说：“没有理念就没有方向，没有机构就没有上层建筑的管理。有了管理以后，大家得有事情干。越忙，团队合作越紧密。这样就把骨架搭起来了，再把文化的血肉一披，这个机制就比较灵活了。”通过“3+1”服务体系改革，上海交通大学图书馆完成了由被动服务向主动服务的转变。

（二）智慧模式创新

1.IC2 创新服务模式

上海交通大学图书馆首创的IC2创新服务模式把信息共享空间（Information Commons，IC1）和创新社区（Innovation Community，IC2）以乘法关系相结合，致力于提供全方位、多层次的服务支持。

IC2 创新支持计划以学科服务为主线，通过资源保障体系的建设，深度参与学科资源的布局、理、用、引进和评估，为学校师生的学习、教学和科研提供全方位的文献支撑。

此外，图书馆还构建了一站式、开放式、创新协同的服务体系，包括泛在智慧课堂、学科服务平台、学科信息导报等，提升了学术交流和合作的效率。学科馆员深入院系，为各学科师生提供量身定制的服务，开展信息素养教育和培训，为学科发展提供全方位的支持。通过提供课题调研分析、学术成果评价、科研成果储存等个性化服务，满足了师生在学术研究方面的多样化需求，提高了学术服务的针对性和专业性。

在人文拓展计划方面，上海交通大学图书馆则致力于推进校园文化建设和人文素养提升，通过开展主题征文、书展、讲座等活动，推动校园文化的多元发展。

2.“泛在智慧课堂”模式

上海交通大学图书馆推出的“泛在智慧课堂”模式不仅是对传统教学模式的改进，也是对学习方式和信息获取方式的创新。通过整合图书馆、教务处、网络信息中心的资源，并与超星公司合作，创造性地搭建了一个以电子教参为核心的智慧学习平台，为师生提供了更加便捷、个性化的学习体验。

“泛在智慧课堂”模式的核心在于电子教参资源的推送和个性化服务，通过建立统一的电子教参服务平台，学校可以根据每位学生所选课程的需求，为其推送与课程相适应的电子教参资源。电子教参资源包括图书、论文、视频和课件等，还允许用户自主定制教参资料，个性化服务让学生在学习过程中更加自主、灵活，能够更好地适应自己的学习节奏和需求。

“泛在智慧课堂”模式将移动学习融入教学课堂中，实现了教学信息与教参资源的实时互通，学生可以通过各种移动终端设备随时随地获取教学课程与参考书籍，不再受时间、空间和地点的限制。“泛在性”的学习环境为学生提供了更多元化、更灵活的学习方式，有利于激发学生的学习兴趣和主动性。

“泛在智慧课堂”模式还注重教学信息的智能化管理和资源的全面覆盖。上海交通大学图书馆还建立了国内首家一站式资源发现、获取与揭示平台“思源探索”，实现了更全面、更快速的资源检索和更具个性化与智能化的检索服务。同时，引进 Libguides 学科服务平台，支持在线学科服务指南的创建，并与院系教师合作创建课程指南。这些举措不仅提高了教学资源的利用效率，也为学生提供了更加丰富的学习资源。

此外，上海交通大学还在教学资源的采购和管理方面进行了创新，由院系师生、学科馆员和图书馆采购专家共同参与图书馆的文献资源建设，确保教学资源的多样性和全面性。同时，上海交通大学图书馆还承担了中国高等教育文献保障系统 (CALIS) 三期建设项目中的参考咨询服务子项目和馆员素养培训与资质认证子项目，为图书馆服务的创新和发展提供了有力支持。

如今，上海交通大学图书馆以学校的发展战略为引领，以建设与世界一流大学相匹配的高水准、智慧型、特色化的信息知识服务中心为目标，正在加快构建优质的馆藏资源体系、搭建高效的信息获取系统、锤炼精准的知识供给能力，为全校师生的学习和科研提供更加有力的支持。

第五章　高校图书馆人力资源管理与馆员职业生涯规划

第一节　图书馆工作人员的教育培训

在当今数字化、信息化的时代背景下，高校图书馆要发挥为学校教育、科研服务的战略支撑作用，就必须加强人力资源建设。教育培训作为提升图书馆工作人员专业素养和综合能力的重要手段，对于推动高校图书馆事业的发展具有重要意义。

一、高校图书馆工作人员分类

（一）专业技术人员

专业技术人员是图书馆的核心团队，主要包括图书情报学、信息管理学等领域的专业人才，负责图书馆的资源建设、分类编目、读者服务、参考咨询、信息技术支持等工作，专业技术人员通常具备较高的专业素养和技能，是图书馆服务质量和水平的重要保障。

（二）管理人员

管理人员负责图书馆的运营管理和行政事务，包括图书馆馆长、部门主任等中高层管理人员，以及从事行政、财务、人事等工作的基层管理人员，其工作重点是确保图书馆的正常运行。

（三）服务人员

服务人员是图书馆与读者之间的桥梁，服务人员直接面对读者，提供借阅、咨询、导览等服务，因此服务人员需要具备良好的沟通能力和服务意识，能够耐心解答读者的问题，提供优质的服务体验。

（四）辅助人员

高校图书馆的辅助人员包括图书馆的保洁人员、保安人员、图书搬运工等，他们负责图书馆的清洁卫生、安全以及图书的搬运和整理等工作。虽然工作看似简单，但却是图书馆日常运营中不可或缺的一部分。

二、加强高校图书馆工作人员教育培训的重要性

教育培训是提升高校图书馆工作人员综合素质的必要途径，是对人才进行再教育的重要方式。通过加强教育培训，可以使馆员不断更新服务理念和知识结构，掌握新技术和新方法，提高工作效率和创新能力。同时，教育培训也有助于激发馆员的工作热情和积极性，为图书馆的可持续发展提供有力保障。

（一）加强教育培训有助于更新图书馆工作人员的服务理念

高校图书馆的基本职责是提供文献和信息查阅服务，通过教育培训，工作人员可以深入了解图书馆的使命与愿景，明确自身的职责，从而更加积极地投入到工作中，以更加热情、专业的态度为读者提供服务。

（二）加强教育培训有助于提升图书馆工作人员的专业素养

随着科技的进步和社会的发展，高校图书馆工作人员需要不断学习和掌握新的知识和技能，以适应时代发展的需要。通过教育培训，工作人员能够系统地学习图书馆学的基本理论和相关知识，提高自己的业务水平和综合素质，为读者提供更加专业、高效的服务。

（三）加强教育培训有助于提升图书馆工作人员的服务水平

高校图书馆作为公共服务机构，其服务质量和水平直接关系到读者的满意度和忠诚度。通过教育培训，工作人员能够学习先进的服务理念和方法，了解读者的需求和期望，掌握与读者沟通的技巧和策略，从而更好地为读者提供个性化的服务。

（四）加强教育培训有助于推动图书馆的持续发展

高校图书馆工作人员作为图书馆发展的重要力量，其素质和能力水平直接影响着图书馆的发展方向和竞争力。通过教育培训，图书馆的工作人员可以了解图书馆行业的最新动态和发展趋势，掌握新的方法和技术，为图书馆的创新发展提供有力支持。

三、教育培训的内容与方式

（一）教育培训内容

1. 服务理念

服务理念是图书馆开展服务创新工作的核心，也是提升服务质量、满足读者需求的关键。对馆员进行服务理念培训的过程中，首先应当明确图书馆的服务宗旨，即以读者为中心，满足读者的信息需求，为读者的学习和研究提供全方位的支持。在实践中，可以结合实际案例进行分析，让工作人员深入理解服务理念的内涵，树立以读者为中心的服务理念，关注读者的需求和反馈，积极主动地提供优质服务。

2. 图书馆学基础知识

高校图书馆的用户群体一般都具有专业的知识背景，因此在信息咨询和文献查阅过程中会有较高的要求。图书馆学基础知识培训是图书馆工作人员教育培训的基础内容，图书馆学基础知识包含了图书馆的分类编目、借阅制度、参考咨询等基本业务知识和实践技能，通过系统学习图书馆学的基本理论和方法，才能够熟练掌握图书馆工作的基本流程和规范。

3. 信息技术应用能力

随着数字化、网络化的快速发展，图书馆的资源和服务形式也在不断更新和变革，高校图书馆工作人员必须具备一定的信息技术应用能力，如数字化资源的获取、整理、传播和利用，以及图书馆自动化管理系统的操作和维护等。

4. 学术素养和学科服务能力

作为高校的重要组成部分，高校图书馆不仅是文献资源的聚集地，更是学术研究和交流的重要平台。因此，工作人员需要具备一定的学术素养和学科服务能力，能够深入了解学科领域的前沿动态，为读者提供高质量的学术服务和支持。通过参加学术讲座、研讨会等活动，以及定期阅读相关学术文献，工作人员可以不断提升自己的学术素养和学科服务水平。

5. 读者服务和沟通技巧

高校图书馆作为服务性机构，其工作人员需要具备良好的服务意识和沟通能力。通过培训，工作人员可以学习如何与读者建立良好的互动关系，了解读者的需求和期望，为其提供个性化的服务。同时也可以学习如何有效沟通、解决冲突，提升读者的满意度。

6. 创新意识和实践能力

创新是高校图书馆发展的不竭动力，图书馆要让工作人员及时了解行业的发展趋势和新技术的应用，鼓励他们积极探索和实践新的服务模式和方法。同时，也要鼓励和支持工作人员积极参与科研项目和学术活动，培养工作人员的创新精神和实践能力。

7. 职业道德和职业素养

职业道德是提升服务能力的根本保障，“人无德不立，国无德不兴”，因此，高校图书馆工作人员不仅要具备专业的知识和技能，还要具有良好的职业道德，要遵守职业道德规范，爱岗敬业。通过加强职业道德培训，工作人员可以加深对职业道德的理解和认同，提升职业素养。

（二）教育培训方式

教育培训方式对于高校图书馆工作人员综合素质的提升具有至关重要的作用，恰当的教育培训方式不仅能够有效传递知识和技能，还能激发工作人员的学习兴趣和积极性，常用的培训方式有以下几种：

1. 面对面培训

面对面培训是教育培训方式中最常见的一种，面对面培训通常由专业的讲师或图书馆领域的专家进行授课，通过讲解、演示和互动等形式，向工作人员传授图书馆学的基础知识和实践技能。面对面培训的优点在于知识集中、学习氛围好、培训效率比较高，能够现场解答疑问，直接交流经验，加深理解和记忆。

2. 线上培训

随着科技的进步和互联网的普及，线上培训也已成为教育培训的重要方式。线上培训一般通过网络平台进行，不受时间和地点的限制，具有极大的灵活性和便利性。线上培训资源丰富，形式多样，包括视频课程、在线讲座、互动问答等，能够满足不同工作人员的学习需求。此外，线上培训还可以利用大数据和人工智能技术，对工作人员的学习情况进行跟踪和分析，为其提供个性化的学习建议，进一步提升学习效果。

3. 实践培训和项目驱动式培训

除了面对面培训和线上培训外，实践培训和项目驱动式培训也是值得推广的教育培训方式。实践培训强调通过实际操作和亲身体验来学习和掌握知识与技能。例如，可以组织工作人员参与图书编目、读者服务、参考咨询等实际工作，让工作人员在实践中发现问题、解决问题，提升实践能力。项目驱动式培训则是以某个项目为载体，通过团队合作来培养工作人员的综合能力，这一培训方式不仅能够锻炼工作人员的实践能力，还能培养他们的团队合作精神和创新意识。

4. 学术研讨会

定期举办学术研讨会和学术交流活动也是提升工作人员学术素养和学科服务能力的重要途径。通过邀请图书馆领域的专家学者进行学术交流，分享最新的研究成果和学术动态，工作人员可以拓宽学术视野，了解学科前沿动态，进而提升自己的学术素养和服务水平。

四、教育培训的实施与保障

有效的实施与保障措施能够确保教育培训的连续性、系统性和针对性，进而提升图书馆工作人员的专业素养和服务水平。

（一）实施策略

1. 制订详细的教育培训计划

高校图书馆应制订详细的教育培训计划，明确培训目标、内容、时间、方式等，还应充分考虑图书馆的发展需要和工作人员的实际情况，结合行业发展趋势和新技术的应用，选择具有前瞻性和实用性的培训内容。

2. 多样化的教育培训方式

在实施教育培训时，应采用多样化的培训方式，以满足不同工作人员的学习需求和兴趣。除了面对面授课外，还可以采取线上培训、实践培训、项目驱动式培训等方式，提高培训的灵活性和实效性。

3. 强化实践环节

教育培训应注重实践环节的设置，让工作人员通过实际操作和亲身体验来学习和掌握知识与技能。可以组织工作人员参与图书编目、读者服务、参考咨询等实际工作，让工作人员在实践中发现问题、解决问题，提升实践能力。

4. 建立学习共同体

图书馆应鼓励工作人员之间建立学习共同体，通过团队合作、经验分享、知识交流等方式，促进学习成果的转化和应用。可以设立学习小组或研究团队，定期组织学习研讨会和学习交流活动，激发工作人员的学习热情和创造力。

（二）保障措施

1. 资金投入保障

教育培训需要一定的资金投入，包括培训费用、设备购置、场地租赁等，因此高校图书馆应确保充足的经费投入，为教育培训工作提供必要的资金和物质保障。

2. 师资力量保障

优秀的师资力量是教育培训质量的重要保障，高校图书馆应建立一支具备专业知识和丰富教学经验的师资队伍，为工作人员提供高质量的培训服务。同时可以邀请图书馆领域的专家学者或行业精英进行授课或指导，提升教育培训的水平和影响力。

3. 制度保障

图书馆应建立健全的教育培训制度，明确教育培训的目标、内容、方式、考核等要求，规范教育培训工作的开展。可以建立激励机制，对在教育培训中表现优秀的工作人员进行表彰和奖励，激发其他人员的学习热情和积极性。还可以建立培训成果评估机制，对教育培训的效果进行定期评估和总结，以便及时调整和优化培训策略。

4. 技术支持保障

随着信息技术的快速发展，教育培训工作也要充分利用现代技术手段来提升效率和质量。图书馆应提供必要的技术支持，如建立在线教育平台、提供学习资源和工具等，为工作人员提供便捷的学习途径和丰富的学习资源。同时，还可以利用大数据和人工智能等技术手段对工作人员的学习情况进行跟踪和分析，从而为其提供个性化的学习建议。

5. 学习氛围保障

良好的学习氛围是教育培训工作顺利开展的重要保障，因此，高校图书馆应营造积极向上、开放包容的学习氛围，鼓励工作人员主动学习、积极创新，可以通过举办学术讲座、读书分享会等活动来丰富工作人员的文化生活，提升工作人员的文化素养，形成良好的学习氛围。

总之，教育培训是图书馆人力资源管理和馆员职业生涯规划不可或缺的一部分。通过加强教育培训工作，能够不断提升馆员的专业素养和综合能力，从而为图书馆事业的繁荣发展奠定坚实的基础。

第二节　高校图书馆志愿服务人员的教育培训

一、高校图书馆志愿服务人员类型

高校图书馆志愿服务人员不同于普通工作人员，志愿服务人员通常是学生或其他人员。志愿服务人员的工作通常是临时性的，在工作上具有更多的灵活性，因此拥有更多的自主权提出新的想法，参与更多的创新项目。同时，高校图书馆志愿服务人员在与用户互动时具有更强的亲和力，其与用户之间具有更多的共同语言，因此更容易理解用户的需求。

二、高校图书馆志愿服务人员的特点

（一）人员构成多元化

高校图书馆的志愿服务人员通常来自不同的专业领域，包括文学、计算机、管理学等各个领域，多元化的专业背景使得他们能够为读者提供更具针对性和专业性的服务，如文学类图书专区的管理、电子阅览室的技术支持以及信息咨询等。同时，由于志愿者主要是在校学生，他们的参与也促进了图书馆与学院、学生之间的沟通交流。

（二）志愿服务内容具有多样性

高校图书馆的志愿服务人员可以参与图书馆的日常工作，如图书借阅、整理排序、馆藏清理等，也可以负责更为专业的任务，如信息检索、课题跟踪服务等，服务的多样性不仅满足了图书馆不同岗位的需求，也使得他们能够在服务中充分发挥自己的专业技能和特长。

（三）志愿服务对图书馆的创新服务具有显著的促进作用

高校图书馆的志愿服务人员大大节省了图书馆的人力，使得馆员有更多的时间从事更高层次的服务工作，如阅读推广、文献传递、数据库建设等，有助于提升图书馆的整体服务水平，进一步夯实图书馆作为校园文化中心的地位。

基于以上特点，当前国内大部分高校图书馆均有志愿服务人员从事不同的服务工作，高校图书馆对志愿服务人员进行培训有助于提升图书馆的服务水平和质量，也有助于对服务工作进行创新。

三、高校图书馆志愿服务人员培训的目标与意义

（一）高校图书馆志愿服务人员培训的目标

1. 提升志愿服务人员的专业素养

图书馆作为知识的殿堂，其服务内容非常广泛，这就要求志愿者具备基本的图书馆学知识、良好的沟通技巧和解决问题的能力。通过教育培训，志愿者可以系统地学习图书馆学的基本知识、服务流程和服务技巧，掌握信息检索、文献管理等专业技能，从而更好地胜任志愿服务工作，为读者提供高效、准确、周到的服务。

2. 增强志愿服务人员的服务意识

志愿服务人员的服务态度和行为举止直接影响着读者的阅读体验。因此，要加强对其服务意识的培养，使志愿者能够充分认识到自己的职责和使命，树立“读者至上”的服务理念。通过培训，还要让志愿者学会如何与读者沟通、如何解答读者的问题、如何处理突发情况等，提升其服务水平和应对能力。

3. 培养志愿服务人员的团队合作精神

图书馆的志愿服务工作往往需要多人协作完成，因此，培养志愿者的

团队合作精神至关重要。通过培训，让志愿者了解团队的重要性，学会如何在团队中发挥自己的优势，如何与团队成员有效沟通、协作，共同完成任务。同时，还要注重培养志愿者的责任心和奉献精神，使其能够积极投身到志愿服务工作中，为图书馆的发展贡献自己的力量。

4. 提高志愿服务人员的创新能力

随着社会的不断发展和读者需求的不断变化，图书馆的志愿服务工作也需要不断改进和创新。因此，要鼓励志愿者提出新的服务理念和方法，探索更加高效、便捷的服务模式。通过培训，让志愿者学会如何发现问题、分析问题、解决问题，不断提升自己的综合素质和服务水平。

5. 加强志愿服务人员的心理素质培养

志愿服务工作往往面临着各种压力和挑战，如读者的投诉、工作中的突发情况等。因此，还应注重培养志愿者的心理素养，让志愿者能够以积极的心态和乐观的情绪面对工作中的困难和挑战。

（二）高校图书馆志愿服务人员培训的意义

1. 志愿服务人员培训有助于提升图书馆的服务质量

志愿服务人员是图书馆与读者之间的桥梁和纽带，其服务态度、专业技能和沟通能力直接关系到读者的阅读体验和满意度。通过培训，志愿服务人员可以掌握更多的图书馆学方面的知识和服务技能，提升服务意识和职业素养，为读者提供更加专业、高效、贴心的服务。这不仅有助于增强图书馆的吸引力和影响力，也能够提升读者的满意度和忠诚度，促进图书馆的可持续发展。

2. 志愿服务人员培训有助于推动校园文化建设

高校图书馆作为校园文化的重要载体，其志愿服务人员也是校园文化建设的重要力量。通过培训，志愿服务人员可以更加深入地了解校园文化的精神和内涵，积极投身到校园文化建设的各项活动中，为校园文化的建设贡献一份力量。

3. 志愿服务人员培训有助于培养学生的综合素质

参与图书馆志愿服务的学生通过培训和实践，不仅能够提升自己的知识和技能，还能够锻炼自己的组织协调能力、沟通能力和团队合作精神。在志愿服务的过程中，志愿者需要与读者沟通、交流，处理各种突发情况，这些经历不仅能够丰富他们的人生阅历，也能够提升他们的综合素质和能力水平。同时，通过参与志愿服务，可以增强学生们的社会责任感，为其未来的职业发展和社会生活打下坚实的基础。

4. 志愿服务人员培训有助于提升图书馆的管理水平

通过对志愿服务人员进行培训，图书馆可以建立一支高素质、专业化的志愿服务队伍，为图书馆的各项工作提供有力的人才保障。培训也可以促进志愿服务人员与图书馆工作人员的交流与合作，形成更加紧密的工作关系，提升图书馆的整体管理水平和运营效率，推动图书馆工作的不断创新和发展。

四、高校图书馆志愿服务人员教育培训的内容与方式

（一）高校图书馆志愿服务人员教育培训的内容

高校图书馆志愿服务人员不同于普通工作人员，因此在培训内容的选择上也应具有较强的针对性。

1. 注重基础知识与实践操作的结合

针对志愿服务人员的培训要更注重基础知识与实践操作的结合。由于志愿服务人员通常以学生为主，他们可能更缺乏图书馆学的基础知识，因此在培训初期，需要采用系统培训的方式，通过课堂教学、讲座等形式，让其快速掌握图书馆的基本运作流程、服务规范等。同时，实践培训也是不可或缺的，通过安排志愿者参与图书馆的实际工作，如图书上架、读者咨询服务等，让志愿者在实践中学习和掌握相关技能。

2. 注重培训内容的个性化和差异化

由于志愿者的专业背景、经验和参与志愿服务的时间各不相同，因此需要针对不同层级的志愿者制订不同的培训计划。对于参与志愿服务时间较短的志愿者，可以侧重于基础知识和服务态度的培训；对于有一定经验的志愿者，则可以加强专项技能和管理方法的培训。通过个性化的培训方式能更好地满足志愿者的实际需求，提高志愿者的服务水平。

3. 注重互动与合作

与专业工作人员相比，志愿者之间的交流和合作更为频繁，因此在培

训的过程中可以采用小组讨论、经验分享、团队协作等方式，促进志愿者之间的交流与合作，增强他们的团队意识和协作能力。

（二）高校图书馆志愿服务人员的培训方式

一般来说，高校图书馆志愿服务人员的培训方式主要有以下几种：

1. 互动式培训

互动式培训方式强调志愿者的参与和互动，如小组讨论、角色扮演、案例分析等，不仅能提高志愿者的学习兴趣，还能帮助志愿者将所学知识应用到实际情境中。通过模拟真实的服务场景，志愿者可以在培训过程中体验如何开展服务工作。

2. 体验式培训

体验式培训让志愿者通过实际操作来学习和掌握知识。例如，可以让志愿者亲自参与图书上架、读者服务等工作，从中体验并学习服务技巧和规范。体验式培训有助于加深志愿者的理解和记忆，使志愿者能够快速掌握所需技能。

3. 专题讲座与研讨会

图书馆可以邀请相关领域的专家或经验丰富的志愿者来分享知识和经验，而研讨会则提供了一个交流和分享的平台，让志愿者能够相互学习、共同进步，帮助志愿者拓宽视野，了解最新的服务理念和技巧。

4. 个性化培训

针对志愿者的不同需求和知识背景，可以提供个性化的培训方案。例如，对于新手志愿者可以提供基础知识和技能方面的培训；对于经验丰富的志愿者可以提供更高层次的管理和领导力方面的培训。

5. 线上与线下相结合

高校图书馆可以利用信息网络和数字技术等手段，为志愿者提供灵活多样的学习方式，如在线课程、视频教程等，线上培训可以突破时间和空间的限制，让志愿者随时随地学习；线下培训则可以提供更加直接和深入的互动和实践机会。

第三节　高校图书馆馆员职业生涯管理

一、职业生涯管理概述

职业生涯是指一个人一生在职业岗位上所度过的、与工作活动相关的连续经历，它是一个动态的过程。

职业生涯管理包括个人和组织两个层面，分别是自我职业生涯管理和组织职业生涯管理。自我职业生涯管理指的是个人为了实现自身的职业发展目标而进行的管理活动，包括对个人兴趣、能力、价值观和职业目标的认知和有效管理。而组织职业生涯管理则是指组织根据个人和组织的发展需求，有意识地管理和协调个人的职业发展，以实现组织的发展目标。

在个人层面，自我职业生涯管理需要个人全面了解自己的优势、劣势、兴趣爱好、价值观以及职业目标，个人在工作过程中需要不断地进行自我探索和评估，确定自己的职业发展方向，制定长期和短期职业目标，并不断调整和完善自己的职业规划，还需要不断提升自己的知识和技能，积极参与培训和学习，以适应职业发展的变化和挑战。

对于组织而言，组织职业生涯管理是为了实现组织的战略目标和可持续发展，组织需要关注员工的职业发展需求，为员工提供相应的资源和支持，实现员工和组织的双赢；要制订并执行人才培养和晋升计划，为员工提供职业规划和指导服务，并建立良好的激励机制，以激发员工的工作热情和创造力。

在职业生涯管理过程中，个人要不断提升自己的竞争力和适应能力，同时，组织也要关注员工的职业发展需求，提供良好的工作环境和发展机会，吸引和留住优秀的人才，实现组织的长期发展目标。

二、高校图书馆馆员的职业发展特点

（一）服务对象的多元化

随着图书馆社会职能的不断扩大，特别是在信息技术和互联网的快速发展下，高校图书馆面对的服务对象更加复杂多元，包含高校师生在内的各行各业的人群对信息的需求愈发迫切。同时，在网络化的环境下，许多读者可以通过线上渠道来获取图书馆的各种资源和服务，因此，图书馆馆员的工作内容也随之发生了变化，不再局限于传统的借还图书服务，还包括其他各种各样的服务内容。

（二）服务方式的多样化

在服务方式上，传统的图书馆服务主要是以纸质图书和期刊为主，但随着信息技术的发展，数字资源和电子资源的应用也越来越广泛。高校图书馆通过建设数字图书馆、电子期刊库、学术数据库等，将大量的数字资源纳入服务范围，为读者提供了更加丰富和便捷的信息获取途径。许多图书馆还通过建设智能化的检索系统和移动端应用，使读者可以随时随地通过网络平台进行资源检索、借阅和阅读，极大地提高了服务的便捷性和效率。

（三）读者需求的专业化、个性化

相对于公共图书馆来说，高校图书馆面对的读者群体对专业性的要求更高，有一定的个性化服务需求。

随着学科知识的不断发展和学科门类的日益丰富，不同专业的读者对于相关领域的资料有着更为专业的需求。工程技术领域的学生和教师更关注最新的科技论文和工程案例，而人文社科领域的读者更关注学术期刊和人文经典著作。因此，高校图书馆需要根据不同学科领域的需求特点，加强相应学科资源的收集、整理和服务，为读者提供更专业、更深入的学术支持。

读者需求的个性化主要体现在个人学习和研究兴趣的多样性上，有些读者更喜欢阅读纸质图书，有些读者更倾向于使用电子资源，有些读者对于学术期刊的最新论文感兴趣，有些读者更喜欢参加学术讲座和研讨会。因此，高校图书馆需要通过个性化的服务模式和定制化的资源推荐，满足不同读者的个性化需求，提供个性化的学术支持和服务体验。

伴随着信息技术的不断发展，读者的信息获取途径和方式也越来越多样化。传统的图书馆服务主要以实体馆藏为主，但随着信息技术的发展，读者可以通过网络对数字图书馆、在线数据库、电子期刊等电子资源进行在线访问。同时，移动设备和智能手机的普及也使得读者可以随时随地利用图书馆的服务和资源。

三、高校图书馆馆员的职业生涯发展特点

不同的职业往往承担着不同的使命与责任，同时也为从业者提供了不同的发展机会与空间。高校图书馆馆员的职业生涯发展特点与其工作的社会性、科学性、教育性和服务性特征密不可分。

（一）职业劳动的复杂性和多层次性

作为高校的重要组成部分，高校图书馆的核心任务是为广大师生提供优质的信息和服务，这意味着图书馆馆员需要与来自不同学科背景、拥有不同知识结构和需求的师生进行互动，概括起来，馆员的劳动特点具有学术性、技术性以及事务性等特征。

1. 学术性

图书馆学中的书刊审定、图书分类、书刊评价、情报调研、专题咨询、定题跟踪、读者教育以及业务调查研究工作都带有很强的学术性，因此馆员必须具备一定的图书馆学、信息科学等专业知识，以便能够准确地理解读者的需求，并提供有针对性的信息和服务。

2. 技术性

随着信息技术的快速发展，图书馆的管理和服务也越来越依赖现代科技手段，馆员需要掌握一定的信息技术知识，能够熟练地使用图书馆管理系统、数据库等，以便能够高效地处理读者的借阅、查询等需求。

3. 事务性

在日常工作中，馆员通常需要处理大量的日常事务，如图书的整理与登记、分类、上架等，这些看似琐碎的工作对于保障图书馆的正常运行至关重要。

（二）职业成就的不明显性

在图书馆馆员的职业生涯发展特点中，职业成就的不明显性是一个显著但很容易被忽视的特征。职业成就的不明显性源于图书馆工作的平凡与普通，以及其劳动的长期性和连续性。馆员的主要工作是保存和传递知识信息，在日复一日的劳动中，馆员的努力往往体现在图书馆服务的点滴细节之中，难以进行量化。正因为馆员的劳动成果具有隐蔽性，他们的职业成就往往不明显，在年终述职总结时，难以清晰地列出自己的具体成就，这种模糊性使得馆员难以体验到事业的成就感，也无法充分感受到自我价值的实现。同时，图书馆员的职业成就往往依附在他人的成就之中，他们为师生提供信息服务，帮助读者在学术上取得进展，但这些成就往往属于使用者，这种特性不仅使社会对其职业成就认识不足，也容易导致馆员自身对其工作的价值和意义产生怀疑。

（三）技术更新快，职业压力大

随着科技的飞速发展，图书馆事业也迎来了自动化、网络化、数字化的全新时代，技术的变革为图书馆带来了前所未有的发展机遇的同时，也给馆员带来了前所未有的挑战。面对技术的快速更新和功能的不断拓展，馆员的工作内容发生了巨大的变化，这要求其必须与时俱进，不断更新自身的知识结构，提高业务能力。

新时期的图书馆馆员不仅要具备扎实的图书馆学方面的基础知识、良好的外语水平，还要掌握一定的计算机专业知识，具备熟练的操作技能和敏锐的信息意识，要能够准确地鉴别、采集和整合网络信息，以满足读者日益多样化的需求。对于一些年纪较大的馆员来说，这自然会让其感到力不从心，压力倍增。

四、高校图书馆馆员职业生涯发展的影响因素

个人的职业生涯发展受到多方面因素的影响，这些因素既包括个人的特质和能力，也包括外部环境的影响。不同的因素会对个人的职业生涯发展产生不同的影响。例如，支持性的因素通常会激发个人积极主动地追求

职业发展，而消极因素则会阻碍个人的职业生涯发展。影响职业生涯发展的因素可以归纳为两大类，即个人环境因素和组织环境因素。

（一）个人环境因素

在个人环境因素中，家庭背景和个人特质是影响高校图书馆馆员职业生涯发展的两大核心要素。家庭背景对个体的职业选择有着深远的影响，父母、亲属的职业观念以及其对孩子的期望往往会让孩子对某种职业产生向往或排斥，由此而导致的早期职业印象和期待会左右孩子在成年后的职业选择。对于馆员个体来说，如果其参加工作前家中有人从事图书馆工作，或者在其成长过程中家中有良好的阅读和学习氛围，那么就会更容易对图书馆工作产生兴趣，从而选择图书馆馆员这一职业。

个人特质也是影响职业生涯发展的重要因素，个体的性格、兴趣、能力和价值观等决定了图书馆馆员与工作环境之间的适配程度。如果馆员的个人特质与图书馆的工作环境相契合，那就很容易在工作中感到满足，从而更愿意投入时间和精力去提升自己的职业技能。反之，如果个人特质与工作环境不匹配，可能会导致个体的工作满意度下降，从而影响其职业发展。

个人的职业发展意识和规划也是影响职业生涯发展的重要因素，如果馆员能够准确定位自己的职业目标和发展方向，并制定合理的职业规划，那么他们就会有目的地去提升自己的职业技能和素质，从而实现职业目标。

（二）组织环境因素

对于高校图书馆馆员而言，组织环境是其职业生涯发展的另一重要影响因素。图书馆作为一个具有特定文化和制度的组织，其内部环境直接关系到馆员的职业发展。科学、合理的规章制度能够确保公平、公正的工作环境，为馆员的职业生涯发展提供有力保障。与此同时，管理方式的人性化和灵活性也至关重要，如果图书馆能够结合馆员的职业特点，采取恰当的管理方式，比如注重馆员的培训与发展、鼓励其参与决策、提供良好的晋升通道等，这都能够激发馆员的工作积极性，帮助其实现职业发展目标。

组织文化对于馆员的职业生涯发展同样具有重要影响，组织文化代表了图书馆的核心价值观，良好的组织文化不仅能够凝聚人心，增强团队凝聚力，还能够为馆员提供明确的职业发展方向和目标，激发馆员的创造力和进取心，从而使其更好地实现个人价值和职业目标。

组织内部的资源分配和人际关系也对馆员的职业生涯发展具有重要影响，如果图书馆能够合理分配资源，为馆员提供必要的工作支持和职业发展机会，将有助于其职业生涯的顺利发展。同时，良好的人际关系也是馆员职业生涯发展的重要保障，和谐、融洽的工作氛围有助于馆员之间的合作与交流，促进其职业能力的提升。

五、高校图书馆馆员职业生涯管理对策

（一）完善馆员职业生涯管理的制度体系

1. 完善职务岗位设置，改进职称评聘机制

对于高校图书馆而言，传统的岗位设置往往按照文献类型来划分，这导致了部门繁多、效率低下以及人力资源的浪费。因此，高校图书馆需要

根据学校的发展需求以及图书馆的性质和任务来科学合理地设置岗位。首先应该按需设岗，因事设职，确保每个岗位都有其存在的必要性和价值。岗位的设置不应受到人为因素的影响，如论资排辈或为了解决某些人的问题而设岗，同时还应明确每个岗位的职责和要求，以便馆员能够清楚地了解自己的工作职责和发展方向。其次，需要改进职称评聘机制。传统的职称评聘往往过于注重学历、资历等因素，忽视了馆员的实际工作能力和业绩。因此，高校图书馆需要建立一套更加公正、客观的职称评聘体系，注重馆员的工作表现、业务能力和创新成果。同时，高校图书馆还应将职称与岗位相分离，而不是将职称作为决定馆员岗位和待遇的唯一标准。最后，高校图书馆需要加强对馆员职业生涯管理的培训和指导，通过举办讲座、研讨会等活动，帮助馆员了解职业生涯管理的相关知识和技巧，提高其自我规划和自我发展的能力。

2. 完善教育培训机制

完善的教育培训机制是高校图书馆可持续发展的重要保障，教育培训不仅是为了提升馆员的专业素质和工作效率，更是为了激发他们的工作积极性，增强他们对组织的认同感和归属感，从而推动图书馆的持续发展。

对此，高校图书馆应根据馆员的不同岗位和职责设计多样化的培训内容。比如，对于采编部门的馆员，可以组织图书采购流程、编目规范和文献管理技巧等方面的培训；对于技术部门的馆员，则可以安排涉及图书馆信息技术系统维护、网络安全和数字资源管理等内容的培训课程。这样的培训不仅有助于提高馆员的专业水平，还能增强他们的责任感。

另外，高校图书馆还应根据馆员所处的职业生涯阶段设计相应的培训内容。职业生涯是一个不断发展的过程，不同阶段的馆员面临着不同的职业发展需求和挑战。在馆员职业生涯的探索期，可以开展一些个人职业规划、职业素养培养和团队合作技巧方面的培训活动，帮助其更好地认识自己、了解职业发展方向。在馆员职业生涯的发展扩充期，可以开展一些关于领导力培养、项目管理和跨部门协作等方面的培训，帮助馆员更好地应对工作中的挑战，提升他们的管理和协调能力。在馆员退休前，可以开展一些关于退休规划、人生规划和社会服务等方面的培训，帮助馆员顺利过渡到退休生活，充分发挥余热，为社会做出更多的贡献。

3. 建立高效的激励机制

在高校图书馆中，馆员的工作效率、责任感、忠诚度和工作满意度往往取决于其所受到的激励，因此，高效的激励机制能够有效激发馆员的工作积极性。

（1）建立合理的目标激励机制

心理学研究表明，适当的奋斗目标可以有效激发人的积极性和主动性，因此，在建立目标激励机制时，图书馆的管理者应当与员工充分沟通，确保设定的目标与员工的个人需求和职业发展方向相符合。

（2）确保激励机制的公平合理

高校图书馆应当建立公平合理的激励制度，确保在薪酬、晋升机会和工作分配等方面的公正性。同时，领导者应当及时公布晋升计划和工作安排，确保信息的透明度和公开性。人际关系的公正也至关重要，要避免人情主义和偏见，以公正、客观的态度对待每一位馆员，保障馆员的合法权益。

（3）重视情感激励

情感激励是一种重要的精神激励方式，尤其适用于满足馆员对关爱和认同的需求。图书馆管理者要注重与馆员之间的情感联系和思想沟通，在工作和生活方面给予馆员更多的关怀和支持，营造和谐融洽的工作氛围，使其感受到组织的温暖和关怀，从而激发馆员的工作热情。

（二）实行多种职业生涯管理方式

职业生涯管理是一个动态过程，在高校图书馆行业中，由于馆员可能通过换专业或改行等方式进入，因此按年龄划分馆员的职业生涯阶段并不科学。根据馆员的入馆年限并结合其年龄，将馆员的职业生涯划分为探索期、发展扩充期、稳定维持期和衰退期是更为合适的做法。

（1）探索期

处在这一阶段的通常是新入职的馆员，此时馆员对组织和工作环境还不太熟悉，需要组织提供相应的引导和支持。在这个阶段，组织可以通过上岗引导和岗前培训帮助馆员熟悉工作环境和职责，同时建立导师制度，为新馆员提供个性化的指导和支持。高校图书馆还应该帮助馆员认识自我，明确职业目标和方向，引导其树立正确的职业发展观念，并为其制定个人职业规划提供支持和指导。

（2）发展扩充期

处于这一阶段的馆员通常已经适应了工作环境，具备了一定的工作经验和技能，需要组织为其提供更加全面的职业发展支持。高校图书馆可以通过培训、轮岗等方式拓展馆员的能力和视野，为其提供更广阔的发展空间和机会，激发其工作潜能，推动其职业发展。

（3）稳定维持期

处在这一阶段的馆员在组织中已经获得了一定的地位，一般都担任一些职务或在业务中有一定的主导权。一部分馆员可能会寻求新的突破，探索自己其他方面的能力，而另一部分馆员则可能只是希望保持现状，不再寻求新的发展，这就是所谓的“职业高原”现象。

当馆员进入“职业高原”期并持续时间较长时，就会出现一些问题，比如对工作缺乏热情、不求上进、敷衍了事、得过且过，甚至感到工作乏味。在这一时期，图书馆可以采取一系列措施来激励和重新激发这部分馆员的工作热情。例如，可以实行轮岗制度，让馆员有机会参与不同类型的工作，拓展自己的技能和视野；扩大现有工作内容，为馆员提供更多的发展空间；通过情感激励，增强馆员的归属感；让馆员承担挑战性大的项目，激发他们的工作热情和动力。

（4）衰退期

处在这一阶段的馆员对职业发展的需求逐渐降低，同时面临着权力和责任的减少，以及在组织中地位和作用的下降。这一阶段，馆员往往容易产生失落感，因此图书馆应该更多地关心他们，帮助他们调整心态，并开始为退休做好心理上的准备。

有些馆员在图书馆工作多年，积累了丰富的经验，因此图书馆应该为他们提供条件，让他们成为新馆员的良师益友，从事传、帮、带的工作，将多年积累的经验传承下去。对于经验丰富、身体状况较好的老同志，可以考虑进行返聘，让他们发挥余热。

（三）设计多样化的馆员职业发展路径

当前，图书馆馆员的职业发展路径主要分为两种：一是通过职务晋升，从馆员逐步晋升为部室主任、副馆长、馆长；二是通过职称晋升，从助理馆员开始，逐步晋升为馆员、副研究馆员、研究馆员。这种纵向晋升模式虽然为工作人员提供了一定的职业发展路径，但却过于狭窄，不能满足不同工作人员的需求，也无法确保所有人都有机会得到发展。此外，这种模式容易导致“职业高原”现象，使一些馆员对工作失去激情，进而影响整个图书馆的工作氛围和效率。因此，高校图书馆必须依据馆员的不同特点来拓宽其发展路径。

1. 横向发展

横向职业发展途径与传统的纵向职业晋升途径不同，横向职业发展途径使得馆员可以在不同领域获得经验，并且为未来的发展做好准备。具体而言，横向发展可以通过工作的多元化、岗位轮换、工作内容再设计和多向流动来实现。

（1）工作的多元化

传统上，许多馆员认为图书馆的工作极为枯燥和沉闷，缺乏挑战性，导致他们很容易对工作失去兴趣。因此，通过增加工作内容和工作难度可以激发馆员的工作积极性，这可以通过垂直工作加重和水平工作扩展两种方式来实现。垂直工作加重指的是将部分主管工作转移到馆员身上，让他们拥有更多的责任和决策权，从而激发其工作兴趣。而水平工作扩展则是通过扩大工作范围为馆员提供更多的挑战性任务，使其能够在工作中不断学习和成长。

（2）岗位轮换

通过让馆员在不同岗位之间进行轮换，可以让其获得更多的工作经验，拓展视野，增加技能，从而提高其整体职业素质。岗位轮换还可以帮助馆员发现自己的潜力和兴趣，为未来的职业发展打下基础。

（3）工作内容的再设计

通过重新设计工作内容，使之更加符合馆员的能力和兴趣，可以提高馆员的工作满意度和积极性。工作内容的再设计包括对工作流程、工作任务和工作方式的重新规划，以及引入新的工作项目和工作方式，使馆员能够在工作中获得更多的成就感和满足感。

（4）多向流动

多向流动指的是通过让馆员参与不同部门和项目的工作，接触到更广泛的工作内容，从而提高其综合能力。多向流动还可以帮助馆员建立更广泛的人际关系，为未来的职业发展奠定基础。

2. 纵向发展

纵向发展是指馆员在工作岗位上的等级、职称的变化，旨在满足馆员的成就感和被尊重的心理需求。

在传统的职业晋升渠道中，高校图书馆馆员的职业发展途径主要是管理职务的提升和职称的晋级。然而，随着图书馆的工作内容和方式的不断变化，这两种方式已经不能满足现实需求。高校图书馆可以借鉴一些新的管理模式，比如“星级技术能手制”和“员工职级动态转换制”，为馆员提供更多的发展机会。还可以适当增设一些职位，比如兼职培训讲师、兼职业务指导、兼职公关人员等。值得注意的是，馆员的职业发展方向不应局限于单一的上行路线，还应该存在逆向途径，即馆员职务、职称是可上可下的，这样才能真正实现按能力定级、按绩效定位，充分发现、利用和培养人才。

（四）营造有利于馆员职业生涯发展的组织文化

在高校图书馆中，营造良好的组织文化氛围对于促进馆员职业生涯发展至关重要。良好的组织文化氛围不仅是凝聚、引导和激励馆员为实现组织目标而努力奋斗的精神力量，还是现代组织可持续发展的重要因素。

1.“心理契约”型文化

在高校图书馆中，馆员与图书馆之间除了存在正式的聘用合同外，还存在一种被称为“心理契约”的关系。“心理契约”型文化强调员工与组织之间除了雇佣关系外，还存在着一种隐性的、未明确说明的相互期望。“心理契约”作为连接员工与组织的心理纽带，对馆员的工作满意度以及对组织的情感投入等方面具有重要影响。

考虑到高校图书馆的特点，即其人事权与收入分配权相对有限，如何建立满足馆员心理与精神需求的心理契约就显得尤为重要。通过充分发挥心理契约的作用，将馆员的职业生涯发展与图书馆的发展目标相结合，对于稳定图书馆人才队伍、发挥馆员的积极性与创造性、促进图书馆可持续发展具有积极的现实意义。

实践中，图书馆与馆员之间应建立对等的心理契约，例如图书馆应提供多样化的工作、公平的薪酬和发展晋升机会、良好的工作环境等；而馆员则应做到自愿服从组织的安排、接受工作调动的要求、积极完成本职工作等。

由于职业生涯是一个动态的过程，在馆员职业生涯的不同阶段，其与组织之间的心理契约也会发生变化。因此，高校图书馆还要根据馆员的岗位特点实现职业生涯发展阶段与心理契约的动态匹配，从而促进个人职业生涯发展和组织目标的实现。

2.“以人为本”型管理文化

“以人为本”型管理文化的核心是“人”，将人力资源视为组织最重要的资源，强调充分开发和利用人力资源，为实现组织目标和个人目标服务。在高校图书馆中，长期存在着馆员职位分类简单、晋升渠道单一、发展空间有限等问题，这与组织内部管理制度的僵化和“人本管理”理念的缺失不无关系。过去，图书馆过于注重服务客体——读者，而对主体——馆员的重视则远远不够，这限制了图书馆服务水平的提升和社会职能的发挥。

要营造“以人为本”的管理文化，首先要在图书馆各个层次的管理者中强调“人本主义”的管理思想，让管理者树立“人本主义”的管理意识。

其次，要优化组织结构，推行扁平化管理，确保馆员与职位的合理匹配，为馆员提供个性化的晋升渠道。此外，还要关心馆员的生活，切实解决馆员的生活困难，增强馆员对组织的信任和依赖。

3. “学习型”管理文化

“学习型”管理文化强调组织和个人不断学习、不断创新，以适应环境的不断变化。在高校图书馆中，传统的管理制度常常不能满足馆员的职业发展需求，通过借鉴学习型组织理论，可以有效解决这些矛盾，促进馆员个人工作能力与组织工作效率的提高。

在实践中，可以通过个人积极参与学习、组织学习和为学习而组织等方式来营造学习型文化。个人积极参与学习能够有效提升个人的专业水平和综合能力；组织学习则需要在组织层面推动学习活动的开展，并确立学习的目标和方向；为学习而组织则是指组织人力和相关资源，为学习提供必要的支持和保障。“学习型”管理文化有助于营造良好的工作氛围，还能为实现图书馆的可持续发展提供动力源泉。

参考文献

专著类

[1] 张肖回 . 基于图书馆 RFID 技术的现在与未来 [M]. 北京 : 世界图书出版公司 ,2011.

[2] 吴建中 . 无所不在的图书馆——转型与超越 [M]. 上海 : 上海大学出版社 ,2012.

[3] 陈进 . 大学图书馆服务体系建设 [M]. 上海 : 上海交通大学出版社 ,2012.

[4] 周文霞 . 职业生涯管理 [M]. 上海 : 复旦大学出版社 ,2004.

[5] 黄子君 , 卢昕 , 胡佳 , 刘旺勤 . 信息技术基础 [M]. 北京：人民邮电出版社， 2017.

[6] 谢灼华 , 中国图书和图书馆史 [M]. 武汉 : 武汉大学出版社 ,2005.

[7] 吴慰慈 , 董焱 . 图书馆学概论 [M]. 北京 : 国家图书馆出版社 ,2008.

论文类

[1] 黄益勇 . 信息技术融合高中数学教学的案例开发研究 [D]. 南昌大学 ,2022.

[2] 袁雁涛 . 高校图书馆公共文化服务供给研究 [D]. 华东师范大学 ,2023.

[3] 王岁 . "双一流" 建设背景下我国高校图书馆学习支持服务调研 [D]. 郑州航空工业管理学院 ,2023.

[4] 张宏伟 . 哈尔滨市高校图书馆智慧服务现状调查研究 [D]. 黑龙江大学 ,2023.

[5] 陈子昂 . 上海高校图书馆视频数据库资源服务研究 [D]. 上海师范大学 ,2023.

[6] 杨鑫涛 . 高校图书馆空间服务用户满意度指标体系构建及实证 [D]. 福建师范大学 ,2022.

[7] 杨娜 . 高校图书馆智慧服务用户参与意愿研究 [D]. 郑州大学 ,2022.

[8] 张琪 . 高校图书馆学习共享空间服务满意度评价研究 [D]. 河北大学 ,2022.

期刊类

[1] 吴汉华 , 王波 .2022 年中国高校图书馆基本统计数据分析 [J]. 大学图书馆学报 ,2023,41(06):63—72.

[2] 段美珍 , 初景利 , 张颖 . 国外高校图书馆技术支持服务实践与启示 [J]. 现代情报 ,2019,39(09):3—11.

[3] 吴永婷 . 高校图书馆服务问题及对策研究 [J]. 技术与创新管理 ,2014,35(03):254—257.

[4] 王秀丽 . 图书馆服务存在的问题及对策 [J]. 图书馆学

刊 ,2015,37(12):95—97.

[5] 杨涛 . 公共图书馆收费的用户认知实证研究 [J]. 图书馆论坛 ,2014,34(11):41—48.

[6] 周复生 . 图书馆管理的特点探析 [J]. 吉林省教育学院学报，2015,31(9):144—146.

[7] 陈翠玲 , 黄居杰 . 阅读多元化与高职图书馆服务工作多元化实现途径 [J]. 科教文汇 ,2014(03):217—218.

[8] 邵国莉 .Web2.0 环境下高校图书馆创新服务的实践与探索 [J]. 图书馆研究 ,2013,43(03):73—75.

[9] 林晓华 .Web2.0 环境下用户参与的高校图书馆数字资源建设研究——以石油院校图书馆为例 [J]. 现代情报 ,2015,35(01):133—136.

[10] 林晓华 . 创客运动背景下高校图书馆的空间发展建设研究 [J]. 大学图书情报学刊 ,2018,36(05):30—33.

[11] 王琳 , 魏江 , 胡胜蓉 . 服务创新分类研究 [J]. 技术经济 ,2009,28(02):7—12.

[12] 陈劲 , 王安全 , 朱夏晖 . 服务创新初探 [J]. 中国地质大学学报 (社会科学版),2001(04):21—25.

[13] 吴贵生 , 蔺雷 . 我国制造企业“服务增强”的实证研究及政策建议 [J]. 管理工程学报 ,2011,25(04):87—95.

[14] 梁光雁 , 徐明 . 现代制造业服务创新的动力影响因素及其实证分析 [J]. 特区经济 ,2011(02):287—289.

[15] 孙红蕾，郑建明. 新市民社区信息服务创新与思考 [J]. 图书情报知识，2015(05):74—81.

[16] 王欣，徐明. 组织吸收能力、服务流程创新与服务创新绩效——顾客导向视角的混合模型分析 [J]. 科技进步与对策，2017,34(12):16—21.

[17] 马谊. 中美公共图书馆志愿服务比较研究 [J]. 图书馆研究，2017(4):72—75.

[18] 王杉. 对图书馆智慧服务三种形态的分析与评价 [J]. 新世纪图书馆，2013(4):13—17.

[19] 张雅男. 云计算在图书馆中的应用及有关问题探究 [J]. 图书馆理论与实践，2013(4).

[20] 金敏婕，智慧图书馆——构建智慧城市之思考 [J]. 图书馆工作与研究.2013(4):20

[21] 武龙龙，杨小菊. 我国智慧图书馆构建面临的问题及解决策略 [J]. 新世纪图书馆，2013(5).

[22] 马万民，张美文. 高校图书馆共享空间建设模式发展轨迹与建设探究 [J]. 图书情报与工作，2013(5).

[23] 王蔚. 高校图书馆学习共享空间设计的新趋势 [J]. 图书馆建设，2013(7).

[24] 吴凤玉，刘静静. 图书馆心理契约的构建 [J]. 图书馆理论与实践.2004(2).

[25] 徐建华，崔轲娃，刘晔. 图书馆人力资源管理中的“围城”现象

与图书馆员职业生涯开发 [J]. 图书馆工作与研究 ,2006(3):26—28.

[26] 檀庆双 . 国内外数字图书馆用户教育比较 [J]. 晋图学刊 ,2003(8):47—48.

[27] 孟惠玲 . 中日两国信息用户教育比较 [J]. 大学图书馆学报 ,2001(6):75—78.

[28] 鄂丽君 . 美国高校图书馆残疾读者服务现状及对我国的启示 [J]. 图书馆 ,2011(3):74—76.

[29] 廖璠 , 居晓轩 . 英国大学图书馆残疾读者服务调查与启示 [J]. 图书情报工作 ,2017,61(11):80—87.

[30] 鄂丽君 . 加拿大大学图书馆残疾读者服务现状及启示 [J]. 大学图书馆学报，2014(4):16—20.

[31] 陈婧 , 臧可 . 日本高校图书馆的残障读者服务探析 [J]. 大学图书馆学报 ,2015(6):51—58.

后 记

在本书完成之际，我的内心充满了感慨。回首这段写作的时光，仿佛是一场知识的旅行，我与图书馆学的前辈学者和同事们一同深入探讨了高校图书馆发展的历史、现状和未来。

在本书中，我系统梳理了高校图书馆的发展历史与功能演变，研究了国内外高校图书馆服务管理的现状和特点，探讨了高校图书馆开展服务创新的理论基础、动力、模式以及技术创新对服务创新的驱动，并对高校图书馆服务创新体系的构建和馆员的职业发展进行了论述。

在写作过程中，我深感高校图书馆承担着为教学和科研提供优质服务的使命，而服务创新则是高校图书馆发展的重要驱动力，是推动图书馆事业不断前进的关键所在。因此，希望本书能够为新时代的高校图书馆开展服务创新提供一些有益的启示和参考。

当然，本书只是对当前高校图书馆服务创新研究的初步成果，在高校图书馆服务创新领域，还有许多问题需要我们进一步深入研究和探讨。相信在未来的日子里，随着信息技术的不断发展和高校教育改革的深入推进，高校图书馆的服务创新将会迎来更加广阔的发展空间。

最后，我也要感谢图书馆领域的那些前辈、专家、学者，他们丰硕的研究成果为我提供了写作思路，让我能够不断学习和成长。同时，我还要感谢所有为本书付出辛勤劳动的人们，包括我的家人、朋友、同事以及所有支持和关注本书的读者们。

希望本书能够为高校图书馆的发展贡献一份力量，由于水平有限，书中错误和遗漏在所难免，还请专家和读者多多指正。